R. 2235
c.

TRAITÉ CURIEUX

DES

CHARMES

DE

L'AMOUR CONJUGAL

DANS

CE MONDE ET DANS L'AUTRE.

OUVRAGE

D'ÉMANUEL DE SWEDENBORG

TRADUIT DU LATIN EN FRANÇAIS

Par M. de Brumore.

Quod fit, quod non fit, quis poffit dicere verum?

A BERLIN ET BASLE,

chez George-Jacques & J. Henri Decker.

1784.

A

SON ALTESSE ROYALE

MONSEIGNEUR

LE PRINCE HENRI

DE PRUSSE

FRERE DU ROI.

MONSEIGNEUR,

En plaçant Votre augufte nom à la tête de cet Ouvrage, j'ai moins cherché à le faire valoir encore par l'éclat qu'il pouvait lui donner, qu'à Vous glorifier Vous-même de la protection que Votre Altesse Royale fait accorder à ceux qui recherchent la vérité dans tous les genres.

C'eſt ſous celle du Monarque Français que la nouvelle doctrine de *Swedenborg* vient d'être publiée *), & c'eſt ſous la Vô-

*) La traduction de la doctrine céleſte par Swedenborg & imprimée à Londres par R. Hawes, eſt dédiée au Roi de France, & dans l'épître dédicatoire on y lit ce qui va ſuivre. „ Puiſqu'au„ jourd'hui juſqu'aux Grands de la terre„ recherchent la vérité, il eſt de leur

tre que je mets en ce moment
celle dont j'ofe ici Vous faire
hommage. En laiffant à Votre
jugement à prononcer fur fon
mérite, j'aurai toujours eu celui de Vous donner dans cette
occafion une nouvelle preuve de
tous les fentimens dans lefquels

„ devoir de la protéger & de la faire
„ aimer par leur exemple; fallait-il un
„ motif plus puiffant, pour m'engager
„ à reclamer Votre protection royale
„ pour un Ouvrage qui mérite à tant
„ d'égards celle de tous Princes ver-
„ tueux — — Puiffe, SIRE, Votre
„ règne être de longue durée pour le
„ bonheur de Vos fujets; puiffe-t-il
„ fe montrer jufqu'à la fin, le règne de
„ la juftice & de la vérité! —

je ferai toute ma vie avec le plus
profond respect

Monseigneur,

DE VOTRE ALTESSE ROYALE

le très-humble & très-
obéissant serviteur,

De Brumore.

AVERTISSEMENT

DU

TRADUCTEUR.

Le Public a pour l'ordinaire fi peu de goût pour la traduction d'un Auteur ignoré, qu'il eft peu de perfonnes qui foient tentées de partager fon indifférence, en prenant la peine de le traduire. —

Cette réflexion ne m'a pas plus arrêté que le jugement équivoque qu'on a porté, & qu'on porte encore aujourd'hui de M. de SWEDENBORG, fans l'avoir connu, fans l'avoir lu, fans avoir examiné, comparé & difcuté fes principes, enfin fans s'être donné la peine de méditer & d'approfondir une doctrine qu'on réprouve fur la feule apparence de l'extraordinaire du merveilleux & de la nouveauté. —

Pour qu'on ne m'accufe pas moi-même de l'enthoufiafme qu'on lui fuppofe, fans prétendre établir ni contredire fes maximes, je garderai pour moi le fecret de ma croiance, fans chercher à déterminer celle d'autrui; tout changement d'ailleurs coûte à l'habitude, toute nouveauté étrangere à une opinion préconçue, n'eft pas toujours fûre de l'emporter même par la démonſtration & l'évidence, parce qu'il faut de la force pour réſiſter au torrent, & qu'il n'en faut pas pour le ſuivre ; ainſi j'abandonnerai le ſort de cet Ouvrage au jugement de ceux qui le liront, en leur diſant ſeulement que la vérité eſt un fruit de culture, que c'eſt au travail à développer ſon germe, comme c'eſt à l'application à le mûrir.

Malgré toute la ſingularité de la nouvelle doctrine de Swedenborg, malgré le merveilleux de ſes principes & la nouveauté de ſes idées, les différentes traductions qu'on vient de faire de ſes œuvres, tant en France, qu'en Hollande & en Angleterre, prouvent qu'il n'eſt pas moins intéreſſant que ſingulier ; & combien n'eût-on pas peut-être augmenté le nombre de ſes partiſans, ſi dans les différens Traités qu'on a déja traduit, on eût pris ſoin d'élaguer toutes les répétitions, & les preuves théologiques à travers leſquelles tout le monde n'eſt pas fait pour atteindre juſqu'aux vérités qu'il veut établir.

Un homme connu & diſtingué dans la République des Lettres par la profondeur de ſon érudition, a peut-être trop reſpecté ſon auteur dans la traduction qu'il vient de faire des merveilles du Ciel & de l'Enfer, en lui conſervant ſon abondance & ſa prolixité; & quelque diſpoſé que puiſſe être aujourd'hui le goût du ſiecle pour tous les genres du merveilleux, on n'en eſt pas moins fâché d'avoir à dévorer l'en-

nui des répétitions & des détails ;
avant d'arriver à l'intéreffant & au
fublime de ce nouveau fiftême. C'eft
donc pour éviter le même reproche,
que fans m'affujettir à une traduction
littérale, je me fuis particulierement
attaché, en confervant toujours le
fens & l'efprit de l'Auteur, à le dé-
gager de toutes ces citations & ces
longueurs qui, en partageant fans
ceffe l'attention des lecteurs, euffent
fait perdre à l'Ouvrage le mérite qui
le rend précieux par la beauté de fes
images & la fingularité de fes idées.

Il lui fallait, fi je peux m'expri-
mer ainfi, un habit à la françaife,
pour en rendre la lecture agréable
pour tout le monde, je me fuis permis fon traveftiffement fans défigu-
rer fes traits ; & c'eft par ceux qui

prendront la peine de les comparer que je veux que ma traduction foit jugée, comme j'efpere qu'après l'avoir lue, on conviendra qu'on n'a jugé jufqu'à-préfent M. de Sweden-borg que fur des conclufions anticipées.

Il eût fans doute été intéreffant pour le Public de trouver à la tête de cet Ouvrage quelques détails de la vie hiftorique & privée de cet homme extraordinaire, qu'on peut regarder comme le nouvel inftituteur d'une doctrine qui fe propage, & qui s'étend chaque jour de plus en plus. La fingularité de tous les phénomènes, qu'on s'accorde à lui prêter, eft concentrée parmi ceux qui l'ont particulierement connu; & c'eft parce qu'ils refufent encore d'en com-

muniquer les preuves, que ceux mêmes qui ont cherché à l'accrédi-
ter davantage, fe font tûs fur tout ce
qu'ils auraient pu en rapporter.

M. l'Abbé Pernety a craint lui-
même de dire à cet égard tout ce
qu'il en favait. J'ai vû & connu
plufieurs perfonnes dignes de foi,
qui malgré toute la conviction où
ils pouvoient être des chofes mer-
veilleufes, dont M. de Swedenborg
les avait rendus témoins, ont toujours refufé d'être les premiers à les
attefter au Public, tant on redoute,
en lui rendant témoignage, de paraître auffi fingulier que lui. Cependant on eft avide de tout ce qui vient
de lui, cependant on rencontre par-
tout des gens qui vivent felon fes
préceptes, & qui profeffent haute-

ment fa croyance. On s'accorde cependant généralement à dire, que tous
fes écrits ont la pureté de fon efprit,
de fon caractere, & de fes mœurs,
& tout en le combattant, tout en
lui difputant la réalité de fes révélations & de fes vifions, on fent intérieurement qu'il en coûte au cœur
pour les combattre.

Une chofe qui n'eft pas moins
faite pour fufpendre le jugement,
qu'on pourrait porter fur fa nouvelle
doctrine, c'eft le grand nombre d'é-
crits qui s'impriment aujourd'hui fur
cette matiere, ce font encore toutes
ces branches ifolées, qui fe quali-
fient chacune du nom particulier qui
les diftingue, tel que celui de caba-
lifte, d'illuminé, d'initié &c. & qui
toutes fuivent de plus ou moins près

la route que Swedenborg a femblé vouloir rendre commune à tout le monde ; c'eft enfin cette propenfion au merveilleux devenue prefque aujourd'hui générale, & qui s'accroît chaque jour par le befoin d'être éclairé.

Sans me hazarder à prononcer fur le mérite de cette nouvelle doctrine, je ne crains pas de dire, que ne fût-elle que le fruit du génie, elle peut paffer pour être le fruit de la raifon, s'il n'eft pas poffible de prouver qu'elle foit le fruit de la vérité. En effet fon but eft toujours fage, & fes préceptes tendent tous également à nous rendre heureux, en mettant à notre portée un avenir qui nous engage à rechercher la perfection qui conduit au bonheur. Toujours grand toujours élevé, toujours fublime dans tout ce qu'il avance , on conçoit difficilement, comment l'enthoufiafme de fes idées peut s'accorder avec la méthode & l'ordre de fes écrits , & ce qui prouve encore tous les motifs particùliers, fur lefquels il a établi lui - même fa perfuafion & fa croyance , c'eft cette unité de principes, qui ne s'eft jamais ni contrariée ni démentie dans tous les différens Ouvrages que nous avons de lui.

Ce fut également fur ces mêmes principes qu'il regla les dernieres années de fa vie, préférant les loifirs tranquilles de fa retraite aux faveurs de la Cour de Suede, où il étoit chéri, & aux invitations nombreufes de fes amis, qui mirent tout en œuvre, pour le fixer en Angleterre, où sa réputation l'avait fait connaître, & où l'on assure qu'il avait prouvé la possibilité de la *bilocation*, qui a fait contester à Apollonius de Thyane la vérité de ses prodiges. Entierement indifférent sur toute espece d'intérêt, son insouciance pour sa fortune & peut-être l'examen qu'on fit à Stocholm de son aisance particuliere, le firent classer parmi ces adeptes heureux, qu'on ose dire hardiment que le Ciel favorise encore quelquefois, pour que l'arbre de la science ne périsse pas entierement sur sa tige. Cependant on peut assurer ici d'après des preuves particulieres, que M. de Swedenborg ne fut pas de ce nombre ; mais on peut conclurre de son intimeté avec un homme aussi extraordinaire que lui, que

l'unanimité de fentimens rendait entr'eux tous les moyens communs, &
que c'était dans les reffources de cette liaifon qu'il en trouvait pour tout
le bien qu'il voulait faire. (*a*)

Ce qui a donné lieu à cette con-
jecture fans doute, c'eft qu'après fa
mort, on ne lui a pas trouvé la for-

(*a*) Cet homme extraordinaire qui s'eft
donné le nom d'ELIE ARTISTE dans
plufieurs Ouvrages, qui ont paru dans
le Nord de l'Allemagne, eft encore
un des prodiges de notre fiecle. Né
de la plus baffe extraction, fans éducation & fans étude, guidé par une
forte d'enthoufiafme furnaturel, en
moins de deux ans il a parlé prefque
toutes les langues. Il a écrit plufieurs
Ouvrages, toujours fur le ton d'un in-
fpiré, & fur-tout un Traité du grand
œuvre que tous ceux qui y croient,
regardent comme la clef de l'art.

tune qu'on lui foupçonnait, & que raifonnant alors de toutes fes prodiga-
lités fecrettes par la médiocrité des
facultés qui lui étaient propres , on
a été forcé de les regarder comme
les contributions de l'amitié entre
deux hommes auffi particulierement,
unis , & qui avaient tant de reffemblance. (*b*)   Ce n'eft donc ni par in-

(*b*) Il eft connu qu'en Saxe, en Suede,
en Angleterre, à Bremen, à Altona,
& à Hambourg, M. de SWEDENBORG
y a foutenu & relevé plufieurs maifons, dont on a trouvé les reconnaif-
fances & les billets rayés & biffés de
fa main; indifférent pour tous les cul-
tes, il était indiftinctement bienfai-
fant pour tous les hommes , & l'on
porte à plufieurs millions le calcul des
fecours qu'il a fourni , quoique fur fa
modeftie & fa fimplicité il eut été bien
difficile de le foupçonner d'être en

terêt, ni par befoin que M. de Swedenborg a écrit, ce n'étoit donc ni
l'amour de la gloire, ni l'envie d'acquérir quelque célébrité qui dirigeait
fa plume, abfolument perfuadé &
convaincu de la vérité de fes nouveaux dogmes, il en eût été le mar-
tyr, tant il en refpectoit la fource,
& il a rendu lui-même à fon tour
fa perfuafion refpectable, en vivant
conformément à fes maximes, en
difant

état de faire d'auffi grandes chofes.
On a fpécialement defigné la Banque
d'Hambourg, pour être celle où fes
correfpondans particuliers traitaient
des lingots qu'il y faifoit paffer avec
Elie. Ce que j'en ai pû apprendre
moi-même fur les lieux, c'eft que ce
dernier y a fait en ce genre toutes les
preuves, qui peuvent déterminer la
conviction.

difant aux Grands la vérité, en cherchant à inſtruire, à éclairer ſes ſem-
blables, & en faiſant du bien à tout
le monde.

On peut dire de cet Ouvrage qu'il
eſt l'eſſence & l'eſprit de tous les
autres. Il renferme en effet toute la
baſe de ſa doctrine, qui fait dépen-
dre tous les êtres du ſeul beſoin d'aimer & d'être aimé, dans le paſſé,
dans le préſent, comme dans l'avenir, tout eſt amour, dans toutes les
ſpheres terreſtres & céleſtes, tout eſt
encore amour, depuis la Divinité
même juſqu'aux derniers degrés de
la nature, tout tient & correſpond
encore à la chaîne de ce grand principe. C'eſt par ce ſentiment qu'on
eſt heureux, c'eſt par la rencontre
des deux moitiés deſtinées à être

unies que peut fe former un tout parfait, c'eft par le développement des réfultats qu'il le prouve, & qu'il le démontre, & laiffant même à part tous les brillans détails des révélations, qui lui font particulieres, il eft quelquefois bien difficile dans le fond de fon cœur de ne pas être d'accord avec lui.

DES
CHARMES DE L'AMOUR
DANS
CE MONDE ET DANS L'AUTRE.

IL n'y a point de doute que la plûpart de ceux qui liront cet Ouvrage,
ne le regarderont que comme le fruit
d'un cerveau exalté, ou l'effet d'une
imagination échauffée ; mais j'affure
avec toute vérité, que je n'avance rien
qui ne m'ait été fpécialement révélé,
ou que je n'aye vû clairement & dis-

tinctement de mes propres yeux , étant
bien éveillé ; car il plut à Dieu de se
manifester à moi , & de m'envoyer pour
enseigner la nouvelle Eglise dont il est
mention dans l'Apocalipse ; c'est pourquoi il lui a plû d'éclairer jusqu'à l'intérieur de mon ame , & de fortifier
l'entendement de mon esprit, en m'accordant pendant vingt-cinq ans de mon
séjour en ce bas monde , une communication avec les Anges, & une connaissance entiere de ce qui se passe dans
la sphere qu'ils habitent. ---

Un Ange m'apparut , venant à moi
de l'Orient , sonnant de la trompette
vers le Septentrion, l'Occident & le Midi ; il était à demi couvert d'une échar-
pe, dont les plis flottant avec grace ,
laissaient appercevoir une robe ornée de
saphirs & de rubis , dont rien ne pouvait égaler l'éclat : il semblait plûtôt

marcher dans les airs que voler. Etant ainsi lentement descendu sur la terre, & m'ayant apperçu il vint à moi. J'étais alors dans une espece de ravissement. Un peu remis de ma surprise, pourquoi, lui dis-je, le son bruiant de la trompette que je viens d'entendre ? & comment se peut-il faire que vous ayez marché si tranquillement dans la plaine des airs ? quelle route nouvelle & inconnue avez-vous prise pour venir jusqu'à moi ?

Je suis envoyé, me répondit l'Ange, pour assembler sur cette montagne tous les sages du monde chrétien ; car ce fut sur une colline tournée du côté du Midi, que j'eus cette apparition ; je viens, ajouta-t-il, les assembler ici, pour les interroger sur ce qu'ils pensent des joies célestes, & du bonheur éternel. La cause de ma mission vient de ce que quelques habitans de votre monde, ayant été admis parmi nous, ils nous ont affurés qu'il n'y a pas un feul homme fur la terre, qui foit parvenu à fe former une idée des plaifirs que nous goûtons. Tout l'empire célefte étonné m'a dit: defcendez au féjour des mortels ; cherchez & prenez avec vous les plus fages ; interrogez-les, inftruifez-les ; &, s'il eft vrai que leur ignorance foit fi profonde fur le fort qui les attend, quand ils auront quitté la vie, vous leur ouvrirez les yeux. Attendez donc ici, reprit-il encore, vous les verrez venir en grand nombre ; le bras, dont vous ne connaiffez pas, comme nous, la puiffance, difpofera pour eux un azyle pour les recevoir. —

Demi-heure après je vis arriver plufieurs troupes du côté de l'Orient, du Septentrion & du Midi; l'Ange, en fonnant de fa trompette, les amena l'une après l'autre , chacune dans le lieu qui lui était deſtiné.   Toutes ces différentes troupes me ſemblerent être au nombre de ſix , auxquelles ſuccéda une ſeptieme bande , que l'éclat de l'Orient, où elle était placée , m'avait empêché dabord d'appercevoir.   L'Ange leur ayant expliqué le motif qui les raſſemblait , les différentes cohortes ſe rapprocherent & recueillant chacune leurs idées ſur les joies du Paradis , elles exprimerent ainſi leurs opinions chacune à ſon tour.

La premiere bande venue du Septentrion , déclara que cette joie ineffable, n'était autre choſe qu'une jouiſſance continuelle d'un bonheur non interrompu, commune aux ſens comme à l'eſprit ; qu'on l'éprouvait dès qu'on était introduit dans le Ciel ; que la joie dont il s'agiſſait, pouvait, à proprement par-

ler , s'appeller l'inftant de cette intro-
duction dans la fphere célefte.

La feconde bande du Septentrion
dit , que ce bonheur devait confifter
dans les charmes de la fociété angélique , qu'on devait rencontrer dans ces
régions céleftes ; que là, chacun felon
fon plaifir s'entretenait, caufait, apprenait ce qu'il avait ignoré , qu'enfin on
y paffait l'éternité fans s'en appercevoir
toujours dans les délices, dans l'enchan-
tement & le plaifir. —

La troifieme bande qui était une
des premieres troupes arrivées de l'Occident, foutint au contraire que la joie
célefte n'était & ne pouvait être qu'une
continuation de fêtes & de feftins avec
Abraham, Ifaac & Jacob ; qu'on trouvait des tables chargées des mets les
plus délicats, des buffets couverts des
vins les plus exquis ; qu'à ces repas dé-

licieux fuccédaient des danfes dont mille vierges faifaient l'ornement, tantôt par l'agrément de leur légéreté, & tantôt par la mélodie de leurs chants; qu'enfin du foir au matin, c'étaient toujours nouvelles réjouiffances en ce genre, & qu'ainfi fe paffait la longueur de l'éternité fans trouver le tems de s'ennuyer.

La quatrieme, qui était la feconde bande venue du même côté, s'expliqua en ces termes : Nous nous fommes fouvent entretenus des joies du Paradis, & après nous être arrêtés fucceffivement à plufieurs opinions, voici celle qui nous a femblé la meilleure : nous nous fommes repréfenté le Paradis, comme un jardin délicieux, où la nature avait épuifé fes richeffes, fa magnificence, & fa beauté. Nous croïons qu'au milieu de ce beau jardin, eft ce qu'on appelle l'arbre de vie , qui produit des fruits d'une faveur enchantée, qui font la nourriture des Anges & des Bienheureux ; & que la fubftance de ces fruits eft telle, que ceux, qui ont le bonheur d'en goûter , naiffent & renaiffent à volonté, ayant ainfi la jouïffance de tous les âges.

La cinquieme cohorte, qui était la premiere du côté du Midi, ne reconnaiffait pas de plus grand bonheur, que le plaifir de regner , de poféder les plus grands tréfors, d'avoir des trônes, des Empires & des Anges pour leurs miniftres & leurs fujets ; car, ajoutaient-ils , ne voit-on pas que dans la defcription de la Jérufalem célefte , on nous dépeint fa gloire & fa beauté dans l'image prodigieufe de fa magnificence & de fon éclat; ne nous dit-on pas que fes murs font de rubis , fes tours de diamans, ses portes d'émeraudes, que ses plaines sont d'or, que cette cité est pavée de pierres précieuses, d'où nous sommes en droit de croire, que la jouissance de tant de biens, que la possession de tant de richesses, fait la plus grande partie du bonheur qui nous est promis.

La sixieme bande, qui faisait également partie de la cohorte du Midi, s'écria, que personne, à son avis, jusqu'alors n'avait dit vrai, parce qu'il ne pouvait pas être un bonheur plus parfait que celui de glorifier son Dieu, de lui rendre un culte éternel, de faire retentir les voûtes célestes des hymnes qu'on chante à sa louange, de mêler ses cantiques à ceux des Anges, qui veillent à côté de son trône, d'avoir enfin toujours l'ame élevée jusqu'à lui, de lui adresser sans cesse ses prieres, avec confiance, & de le remercier toujours de ſes bienfaits. Quelques-uns ajouterent à cette image, la pompe & la repréſentation des cérémonies qui accompagnent ici-bas ſon culte, telles que des proceſſions nombreuſes de Pontifes & de vierges qui précédaient, ou qui ſuivaient la troupe des bienheureux, pour exciter leur zèle & ſoutenir leur ferveur.

La ſeptieme cohorte qui paraiſſait venir du côté de l'Orient, & que j'avais eu peine à fixer, à cauſe de l'éclat qui l'environnait, était une troupe d'Anges de la ſociété de celui qui m'avait entretenu ; comme ils avaient été inſtruits de la fauſſeté de nos opinions ſur leur bonheur, & ſur leur ſort, ils avaient voulu s'en convaincre. Puiſque tous ces prétendus ſages, dit un de ces Anges, à celui qui m'avait abordé, jugent du bonheur des élus, par la vanité & la chimere de leurs idées, formons leur un Ciel conforme à leurs opinions, & voyons si la satiété ne les conduira pas au dégoût, & s'ils ne se rebuteront pas d'une jouïssance qu'ils jugent si délicieuse & si parfaite.

A ces mots, un d'eux précéda & se fit suivre de ceux qui avaient fait consister les joies du Paradis dans les charmes des conversations angéliques; il les introduisit dans un lieu tourné du côté du Septentrion, où était une assemblée de plusieurs personnes, qui, sur la terre, avaient pensé comme eux. Cet endroit était divisé en plus de cinquante appartemens, qui avaient chacun leur destination différente. On y devisait de mille objets, dans l'un l'on politiquait; on s'occupait des intérêts des Princes, des Monarchies, du sort des nations, de leur gouvernement, de leur faibleſſe, ou de leur force; dans l'autre on y traitait des ſujets plus agréables, on y définiſſait les agrémens, les charmes du beau ſexe, & ſelon qu'on trouvait la converſation de ſon goût, chacun embelliſſait ſon récit par la narration de quelque avanture intéreſſante. Ici la Philoſophie débitait ſa morale, la Dialectique ſes argumens, le Théologien même y ſophiſtiquait à ſon gré & abondait en paroles, pour prolonger ſa controverſe; j'eus le plaiſir de parcourir tous ces différens appartemens & d'y entendre chacun diſcourir à ſon aiſe. J'obſervai également qu'après avoir ſuffiſamment diſcouru, on n'était pas moins empreſſé de quitter la place, & de changer d'objet. J'en vis près de la porte, ſur l'air desquels étaient peints le chagrin, la triſteſſe & l'ennui. Qu'avez-vous, leur demandai-je? & dans ce séjour connaît-on donc, comme dans le nôtre, la douleur & la peine ? Hélas ! dirent-ils, nous avions cru que le bonheur résidait en ces lieux, que les charmes de la société, que nous désirions, pouvait le fixer ! Il y a trois jours déja que nous y sommes, & à peine pouvons-nous entendre ce qu'on nous dit, tant la monotonie de ces éternelles conversations nous est devenue rebutante ; le plus grand malheur, c'est que cette porte ne s'ouvre plus à notre volonté ; & que cette idée désolante fait d'avance notre supplice, en nous mettant sans cesse sous les yeux la durée de nos peines & l'éternité de notre ennui. Vous voyez, leur dit alors l'Ange qui les conduisait, que l'état dans lequel vous avez souhaité d'être, est le tombeau de vos plaisirs. Quel est donc ce bonheur, demanderent-ils, que nous ne connaîsfons pas ? C'eft, reprit l'Ange, de faire du bien pour foi, dont les autres pro- fitent , & cette jouïffance précieufe fe nourrit de l'amour & fe conferve par la fageffe. Les Anges n'ont pas moins que vous les plaifirs de l'inftant ; mais l'ame & la vie de celui que vous me demandez confiftent en ce que je viens de vous apprendre. A ces mots, la porte s'ouvrit, & perfonne ne demeura.

L'Ange s'étant adreffé enfuite à ceux qui plaçaient le bonheur fuprême dans les feftins, les introduifit dans une plai- ne merveilleufement ombragée & par- tagée en deux efpaces, dont quinze ta- bles magnifiquement fervies occupaient les deux côtés. Saifis d'étonnement ils firent bien des queftions ; & l'Ange leur apprit, que telle qu'ils s'en étaient for- mé l'idée, la première était pour Abra- ham , la feconde pour Ifaac, la troifieme

fieme pour Jacob, ainfi de fuite pour
Sara, Rebecca, Lia, Rachel, en un
mot pour ces êtres prédeftinés depuis
les premiers Patriarches jufqu'aux Apô-
tres. Les nouveaux venus furent invi-
tés à prendre place; & chaque convive
ne ceffa d'admirer. Le repas fini, les
vierges vinrent animer la fête ; ce ne
fut que chants, que danfes, que fpecta-
cles & que jeux; & le jour n'était encore que fur fon déclin, qu'on vint les inviter pour le lendemain, avec la feule
différence qu'ils devaient alternativement
paffer d'une table à l'autre, & cela pendant l'infini des tems. L'Ange voulant
prévenir leurs dégoûts, les appella &
leur dit: Le Ciel a permis ce que vous
voyez pour punir & changer la vanité
de vos idées; ceux que vous prenez ici
pour les Patriarches dont nous avons
parlé, ne font que des gens ignorans

C

& groffiers comme vous , qui ont eu la même opinion fur les joies du Paradis; fuivez - moi dans la premiere enceinte, & vous ferez témoins du repentir de la plus grande partie de ceux qui étaient à manger avec vous. Ils fuivirent, & ne virent effectivement que des gens défefpérés de leur erreur & qui profiterent du premier moment de liberté pour s'échapper d'un lieu où rien n'était plus capable de les retenir. Apprenez donc , leur dit l'Ange, en s'en allant , que nous avons dans le Ciel tout ce que vous avez fur la terre , que la fenfualité peut s'y fatisfaire de mille & mille manieres , mais apprenez également que le cœur a d'autres refforts , dont il ne connoît l'ufage qu'en ce féjour; & que par les développemens de ces nouveaux organes , non-feulement le plaifir ne s'éteint pas dans la jouïffan-

ce , mais qu'il fe reproduit de telle maniere , qu'il eft inépuifable comme le
tems de fa durée ; parce qu'il a fon
principe dans une tenfion d'affeҫtion in-
hérente à fa volonté ; parce que ce principe émane encore de la force de l'a-
mour du grand Auteur de toutes chofes ;
& que tout ce qui défole l'efprit des
hommes fur la terre , fe pérd , fe confond , & s'abîme dans cet amour. —

A cette cohorte , fuccéderent ceux
qui avaient fait confifter le bien fuprême dans les richeffes , dans les empires & dans les trônes. Suivez - moi ,
leur dit l'Ange , & venez jouïr de ce que
vous avez défiré. Après les avoir fait
paffer par un portique décoré de colom-
nes & de pyramides d'un goût exquis ,
un nombre de palais fomptueux s'offrit
à leur vuë ; & lo rs qu'ils eurent affez
raffafié leurs yeux de leur magnificen-

ce, préparez-vous, leur dit l'Ange, parce que les premiers d'entre vous vont
devenir Rois pour commander & gou-
verner, tandis que les autres, comme
les moindres d'entre vous, trouveront
des Principautés.

A peine eut-il cessé de parler, que
près de chaque colomne s'éleverent des
trônes, couverts de dais magnifiques,
sous lesquels étaient des tables d'or mas-
sif, qui portaient le glaive, le sceptre
& la couronne. Vis-à-vis de ces trônes,
on voiait des estrades enrichies également de toutes manieres, & élevées de
terre à la hauteur de trois coudées, sur
les dégrés desquelles étaient toutes les
marques de dignités & d'honneurs, enfin tous les différens attributs de che-
valerie, que la vanité de l'homme in-
venta sur la terre, pour lui faire oublier son néant & nourrir son orgueil;

venez & placez-vous, s'écria l'Ange; &
dans le partage qui vous attend, que
chacun de vous fe reffouvienne de ce
qu'il fut pour fonger à-préfent à ce qu'il
doit être.   A ces derniers mots, chacun d'eux prit fa place.   Alors je vis
une fumée épaiffe s'élever devant eux.
L'Ange m'apprit, qu'elle était montée
exprès de l'enfer, pour les étourdir davantage, en augmentant leur fantaifie
& leur délire.   Dans le même tems, le
Ciel fembla s'ouvrir fur leur tête, pour
laiffer un paffage à des légions d'Anges,
qui fe diviferent en Miniftres, en Courtifans, & qui partagerent entre eux
tous les emplois d'une Cour puiffante,
fplendide & formidable. Dans ces rangs
fuprêmes l'ennui n'y fuccéda pas moins
à l'accompliffement de leurs défirs, &
rebutés comme les autres de l'unifor-
mité, ils n'éprouverent pas moins que

cette jouïffance chimérique ne pouvait pas remplir le vuide de leur cœur. Trois heures s'étaient à peine écoulées, que le Ciel s'ouvrit une feconde fois & que d'autres Anges fe préfenterent devant eux. O infenfés ! leur dirent - ils, que faites - vous ? Revenez de votre erreur, ne voyez-vous pas que votre folie tourne à votre confufion, à votre honte, & que parmi ces phantômes, ces fimulacres de grandeurs, vous careffez en vain l'idole trompeufe qu'enfante ici pour vous l'opinion qui vous déçoit ! Allez, devenez plus éclairés, plus fages ; fouvenez-vous, que celui qui bâtit fur l'orgueil eft toujours confondu, qu'il n'eft d'empire felon Dieu, que celui de la fageffe, & qu'il n'eft d'autre triomphe, d'autre gloire que celle de la conferver dans fon cœur. Nous avons ici différens dégrés dans nos hierarchies, comme

vous en avez fur la terre dans la diftinction des états & la préeminence des
rangs ; mais la Providence en nous fub-
ordonnant tous également, pour la con-
ftitution du bon ordre. & le maintien
de l'harmonie, met dans les cœurs qu'elle
fe choifit, les qualités qui conviennent
au rang qu'elle leur deftine. A ces
mots, la pompe difparut, les trônes fe
briferent, le nuage qui entretenait leur
folie fe diffipa & leur efprit fut guéri.

L'Ange revint à ceux qui s'étaient
figuré trouver le bonheur célefte dans
une quiétude, dans un repos non interrompu, dans une jouïffance paifible &
tranquille de tous les biens les plus
purs de la nature la plus parfaite ; venez avec moi, leur dit l'Ange, & cherchez dans le Ciel, dont vous vous êtes
formé l'idée, ce bonheur qui, felon
vous, doit vous fuffire. Après avoir

traverſé pluſieurs plaines charmantes, toutes diverſifiées de mille manieres, alternativement coupées de boſquets de myrthes & d'oliviers, partagées par des vergers délicieux, ou par des comparti-mens de fleurs, dont l'émail & le par-fum enchantaient tout à la fois les yeux & l'odorat, ils arriverent enfin dans un lieu où un grand nombre de perſonnes des deux ſexes & de tous âges étaient raſſemblées. Là couchées mollement ſur l'herbe naiſſante, elles cueillaient les ro-ſes qui les ombragaient, pour former les guirlandes dont elles couronnaient leur front. Les vieillards en faiſaient des braſſelets aux jeunes gens, qui leur for-maient à leur tour des couronnes; les meres en ceignaient leurs enfans, & dans l'âge où l'on cherche à plaire, les jeu-nes filles en faiſaient mille ornemens, pour ajouter encore à leur beauté.

D'autres favouraient le goût des fruits, qui les avaient tentés, ou exprimaient dans des coupes d'agathe, & de porphire, le jus des raifins, que le foleil avait mûris. D'autres, fous des berceaux de lierre & de chevre-feuille, badinaient, folâtraient ou exerçaient leur imagination à inventer de nouveaux jeux, tandis que de jeunes enfans danfaient autour d'eux, en chantant les hymnes du bonheur, du contentement & du plaifir. —

L'ange ayant laiffé le tems à ces nouveaux hôtes d'admirer tout ce qu'ils venaient de voir, les fit pénétrer plus avant ; & après leur avoir fait parcourir plufieurs enceintes également agréables, ils les fit arriver dans un lieu où le nouvel ombrage des citroniers, des tamarins & des orangers, en leur annonçant de nouveaux agrémens, femblaient leur promettre des images encore plus riantes, que celles dont ils venaient de jouïr. Le bruit des fontaines, le jailliſſement des caſcades, le murmure des eaux, leur dérobaient encore les plaintes qu'on y formait ; mais quelle ſurpriſe pour eux, de voir répandre des larmes dans un lieu où ils n'avaient encore éprouvé que l'extaſe, le raviſſement & l'yvreſſe, & qu'ils croiaient impénétrable à l'amertume & au chagrin. Qu'avez - vous donc, demanderent les nouveaux venus à ce groupe affligé, dont rien ne pouvait calmer la douleur, & dans le ſéjour enchanteur de la félicité avez-vous donc pû encore rencontrer des peines ? Hélas ! repondirent ces perſonnages, que notre triſteſſe eſt profonde, & nos regrets légitimes : nous avons penſé, comme vous, que les délices que nous avons trouvées dans ces lieux, nous fuffiraient; il y a déja fept jours que nous y fommes, & leur jouïffance n'a plus rien de fatisfaifant pour nous; ce qui nous plaifait au premier moment nous ennuie & nous fatigue; l'habitude a déja dénaturé tous les agrémens, tous les charmes de ces jardins magnifiques; nous trouvons leurs fruits infipides & fans goût, leurs fleurs fans beauté, fans éclat, fans odeur; nous avons cherché à fuïr de ces lieux, que notre infenfibilité nous rend affreux, nous avons erré de détours en détours, fans pouvoir en trouver l'iffue pour nous échapper; nous y avons contenté, fatisfait tous nos défirs, épuifé tous nos fens, nous n'avons plus en nous que l'affommante idée d'une ennuieufe éternité; voilà, puifque vous nous le demandez, la fource de nos plaintes, de nos chagrins & de nos larmes. Je connais l'entrée & la fortie de votre Ciel, leur dit l'Ange, je vous délivrerai; mais n'oubliez pas que le feul plaifir eft celui que l'ame tranfmet à nos fens, tandis que celui dans lequèl vous faifiez con-fifter le Bien fuprême, paffait par vos fens pour arriver à votre ame. Cher-chez-le donc déformais dans un amour qui fe rapporte à fon véritable princi-pe, & qui foit réglé par la fageffe. Nous avons comme vous la même jouïf-fance, fans nous fatiguer, fans nous laffer de notre bonheur, parce qu'elle s'entretient & fe renouvelle fans ceffe dans notre ame au flambeau de la fa-geffe & de l'amour.

Le même Ange en les quittant, abor-da ceux qui croiaient que les joies cé-leftes confiftaient dans la vifion béatifi-que & dans un culte perpétuel de la Di-vinité. Suivez-moi, leur dit-il, & il les conduisit dans une cité, au milieu de laquelle étoit un temple, & dont toutes les maisons étaient autant de lieux consacrés à la priere & à l'adoration de l'Être suprême; ils y trouverent une affluence de personnes de toutes les nations, & une prodigieuse quantité de Prêtres, qui exaltaient le bonheur de leur séjour, comme le premier endroit de bénédiction, & comme celui par où il fallait passer pour arriver jusqu'aux voûtes, où la Majesté divine réside dans toute sa gloire. On eut soin de les instruire des usages, de la nécessité de passer trois jours & trois nuits dans le temple, avant d'être initiés dans les mysteres de la société; & on leur recommanda sur-tout, de ne s'entretenir que de matieres pieuses & saintes, en purgeant leur cœur de tout ce qu'il pouvait avoir conservé d'humain, de terrestre & de

profane. Après ces inſtrućtions préli-
minaires, l'Ange les introduiſit dans le
temple, où deux jours après il leur dit:
Vous êtes purifiés maintenant, avancez
juſqu'au ſanćtuaire, & allez jouïr du
plaiſir de voir glorifier l'Être ſuprême;
allez donc & glorifiez-le comme eux.
Avides du bonheur dont ils s'étaient
ſi ſouvent formé l'idée, ils avancent,
& que découvrent-ils? Des gens la plûpart endormis, d'autres à moitié éveil-
lés, d'autres encore, ſur le viſage deſ-
quels étaient peints la contrainte & l'ennui, qui quittaient leurs places, renver-
ſaient les pupitres, déchiraient les cantiques, & briſaient les portes pour s'é-
chapper d'un lieu, où rien n'était plus
capable de les retenir.

En vain le zèle des Prêtres voulait les
arrêter & les ramener au temple; en
vain ils leur repréſentaient le bonheur

qui les attendait, s'ils voulaient fe rendre à leurs exhortations, à leurs prieres.   Sourds à toutes leurs remontran-
ces, infenfibles à toutes leurs promeffes,
les uns fuyaient encore plus vîte, & les
autres bâillaient encore en s'arrachant de
leurs bras.   Quatre nouveaux Anges,
qui du haut de l'Olympe avaient vû ce
qui venait de fe paffer, accoururent, &
reprochant à ces Pafteurs ignorans le
refroidiffement & le dégoût de leurs
ouailles; pourquoi, leur dirent-ils, les
avez-vous rebutés par l'ennui de vos leçons & par l'éternité de vos chants?
pourquoi les avez-vous remplis jufqu'à
la fatiété; puifqu'elle conduit toujours à
l'averfion, comme la contrainte au dé-
fefpoir, à la démence, à la folie? Il
n'eft qu'une maniere de glorifier Dieu;
c'eft de remplir les préceptes de fon
amour, & d'être utile à fes femblables;

voilà fa religion, fon adoration & fon culte. Ils manderent enfuite les gardiens des portes du temple; ils ordonnerent que l'entrée & la fortie devinffent libres pour tout le monde, & difparurent.

L'Ange qui avoit eu ordre de raffembler ces prétendus Sages des quatre parties du monde, les ayant ramenés au premier endroit, leur dit : Demeurez encore quelque tems ici; je fonnerai de la trompette une feconde fois, & vous verrez neuf perfonnages plus profonds, plus éclairés, plus inftruits que vous. L'Ange fonna; l'air rétentit, & les neuf Sages s'avancerent le front couronné de laurier, fans témoigner ni émotion, ni furprife, en préfence d'un fi grand nombre de fpectateurs dont ils fixaient & l'attention & les regards. O vous, leur dit l'Ange, en s'adreffant à eux, ô vous

qui

qui êtes doués de la faveur singuliere de pouvoir vous transporter, & vous élever comme il vous plaît, jusqu'au ciel de vos idées, & qui pouvez à volonté redescendre & retourner à la terre, instruisez à votre tour ces mortels, qui vous écoutent, & racontez-leur ce que vous savez. J'avais toujours regardé le ciel, dit le premier, comme le centre de toutes les béatitudes; j'avais toujours crû que les plaisirs y étaient plus vifs, que tous ceux qu'un amant peut rencontrer le premier jour de ses nôces dans les bras d'une amante adorée, qui devient son épouse. Rempli de cette idée, j'en pris la route; je franchis tranquillement la premiere & la seconde barriere, qui le séparent de notre globe; le gardien de la troisieme barriere m'arrêta, & me dit avec bonté: Mon ami, qui ès-tu? Je cherche à pénétrer jusqu'au ciel, lui répondis-je; si mon defir n'eft pas coupable, daignez ne pas vous y oppofer; & il me laiffa paffer. A fort peu de diftance j'apperçus des légions d'Anges, dont les robes étaient toutes uniformes, & fur-tout éblouiffantes par leur blancheur. Voici, s'écrierent-ils, en m'environnant, un étranger parmi nous, & j'entendais qu'ils murmuraient entr'eux, de ce que j'avais ofé paraître avec un vêtement différent. Dans la crainte de porter la peine de ma profanation, en demandant pardon de ma témérité, je les fuppliais de me revêtir comme eux. Mes inftances ne faifant qu'augmenter leurs dédains, j'entendis un d'entr'eux s'écrier d'une voix d'autorité : Qu'on le dépouille; qu'il foit précipité nud fur la terre, & fon ordre fut exécuté.

Ils racontèrent presque tous la même chose, pour s'être hazardés avec la
même témérité, ils avaient produit le
même étonnement, ils avaient reçu le
même accueil, & ils avaient rencontré
la même disgrace & le même fort. Vous
voyez donc, leur dit l'Ange, que le bonheur ne gît pas dans les lieux, mais dans
l'état où l'on se trouve; & que l'état le
plus parfait est celui qui nous est donné
par la sagesse & par l'amour. C'est ainsi,
que dans nous - mêmes nous trouvons
notre ciel; c'est ainsi, que formés &
modelés sur nous, vous devez vous appliquer à chercher le vôtre, & à ne pas
confondre ce principe d'amour céleste
avec ces affections infernales qui le com-
battent, qui le détruisent, & qui le
font évanouir.

L'Ange parlait ainsi, lorsqu'une voix
se fit entendre du haut du ciel, & lui

dit: Choisiſſez dix Sages parmi ces étrangers, faites les monter auprès de nous; parce que l'Eternel a permis qu'ils partagent pendant trois jours la lumiere, qui nous éclaire. Le choix fut fait au même inſtant; & l'Ange les conduiſit ſur une montagne mille fois plus élevée qu'aucune de celles qui ſont ſur la ſurface de la terre. Delà ils commencerent à découvrir le ciel des Anges: les premieres portes s'ouvrirent, & à la troiſieme, leur introducteur les quitta, pour aller annoncer leur arrivée au chef de ces intelligences. Retournez vers eux, lui dit ce Prince angélique; qu'ils avancent juſqu'au premier parvis de mon Palais; que mes Miniſtres veillent à leurs beſoins, & qu'on ne leur laiſſe rien à déſirer. L'Ange retourna; & les Sages ravis du bon accueil, le furent encore bien davantage, en apprenant que le jour même ils feraient admis au banquet du maître, & qu'ils auraient la gloire de se voir assis à ses côtés. Il est encore matin, leur dit-il, & depuis le Prince jusqu'au dernier d'entre nous, tous nos instans sont remplis; c'est pourquoi, en attendant celui du bonheur, qui vous est promis, venez repaître vos yeux du luxe & de la magnificence de ces lieux.

Ils avancerent, & virent à l'entrée du Palais un portique d'une élévation prodigieuse, couronné d'un dôme de jaspe & de porphire, dont les anses appuyées sur un nombre infini de colonnes de lapis lazuli, semblaient offrir à leurs regards ou le chef-d'œuvre de l'art, ou le temple du goût. Un double fronton d'airain, incrusté d'or, paraissait sortir de leurs volutes, & leur courbe combinée sur les proportions de leur base, se réunissant pour former une voûte ma-

jeſtueuſe, formait le dôme de l'édifice.
L'intérieur du Palais enchériſſait encore
ſur tant de magnificence; & les habitans ſeuls des Cieux peuvent les imagi-
ner, les croire & les décrire. Ne vous
étonnez pas, leur dit l'Ange, de tout
ce que vous voyez, admirez plûtôt la
puiſſance du grand Architecte de l'Univers; rien n'eſt ici qui ne ſoit l'ouvrage
de ſes mains; & ce qui nous en rend
la jouïſſance délicieuſe & ſenſible, c'eſt
la ſeule idée qu'il en eſt l'Auteur, &
qu'il a daigné les créer pour nous. Mais
puiſque le ſoleil n'eſt pas encore à la
moitié de ſa courſe, venez donc admirer le pourpris de ſon Palais, les dehors de ſon enceinte, & les beautés de
ſes jardins. Ils ſuivirent; & après quelques pas, l'Ange s'écria: Quoi donc, votre extaſe eſt finie? & à la vue de ces jardins magnifiques votre bouche eſt muet-

te, & vous n'admirez plus? Quels font donc ces jardins, répondirent les Sages, puifque nous ne découvrons ici qu'un feul arbre? Il eft vrai qu'il nous femble merveilleux, que fes feuilles font d'argent, que fes fruits font d'or, que fes branches font refplendiffantes comme des pierres précieufes; mais voilà tout ce que nous voyons: fi ce n'eft encore une troupe d'enfans qui s'amufent & folâtrent fous fon ombrage. Cet arbre, leur répondit l'Ange, eft un grand myftere pour vous! c'eft lui qui eft appellé l'arbre de vie!... Mais ne vous arrêtez pas, avancez, & vos yeux s'ouvriront. Alors les arbres de toutes efpeces fortent de terre & naiffent fous leurs pas, chargés des fruits les plus délicats & les plus exquis; la vigne, en s'entrelaffant dans leurs branches, forme de toutes parts des berceaux charmans. En les parcourant on s'égarait, on se retrouvait, & tout invitait à s'y reposer. Une lumiere pure & azurée éclairait ce séjour enchanteur; jamais sur la terre ils n'avaient eu un spectacle si ravissant, si merveilleux & si touchant. Que c'est bien ici le Ciel, s'écrierent-ils d'un commun accord, & que l'expression du plaisir dans notre bouche est encore loin de ce que nous éprouvons dans nos cœurs! L'Ange se réjouit de les entendre, & leur dit: O étrangers! c'est la disposition actuelle de votre ame qui fait, en ce moment, votre jouissance. •Que cette disposition vous abandonne, ces prés, ces bosquets, ces vergers si charmans, ne seront plus à vos yeux que des choses sans mérite & sans prix. Il leur expliquait ensuite toutes les allégories, tous les symboles des différens objets qu'ils rencontraient, lorsqu'on vint les avertir de se préparer au sacré banquet, qui les attendait. Ils se revêtirent d'une robe neuve qu'on leur présenta, parce que personne ne pouvait être du festin, sans s'être soumis à cet usage, & ils furent conduits dans un des appartemens du Palais, où l'Ange les présenta aux différens Ministres du Prince, qui ne devait pas tarder à s'y rendre.

Quelques momens après, une porte s'ouvrit du côté de l'Occident, & au milieu d'un cortege nombreux de gardes & de courtisans, ils virent paraître le Chef de cette superbe assemblée, qui, après les avoir fixés un moment, leur tendit la main, & leur fit signe de prendre place. A l'instant parut devant eux une table, dont l'élégeance & le bon goût répondaient parfaitement à la magnificence & à la majesté du Maître. Dans le milieu s'élevait une pyramide chargée de fruits de toutes especes, & de son centre

comme d'un réfervoir adroitement prati-
qué, pour en faire l'ornement, le Nectar
jailliffoit, comme une fource d'eau pure,
dans chaque coupe des convives. Tous fes
angles étaient remplis des mets les plus
favoureux, des ragoûts les plus délicats;
l'appétit excité comme l'admiration en-
chaînait tous les fens; & telle était la
prodigalité, qui régnait dans ce repas,
que l'abondance des effences, des aro-
mates & des parfums répondait encore
à tout le refte.

L'habit du Prince & de fes principaux Miniftres était une robe longue,
couleur de pourpre, parfemée d'étoiles
brodées en argent le plus fin; fous cette
robe était une tunique couleur d'hyacin-
the, & qui en confervait l'éclat; elle paraiffait s'ouvrir d'elle-même fur la poitrine, & laiffait à découvert un aigle tiffu
d'or, qui couvrait de fes aîles de petits

aiglons, qui femblaient careffer leur mere. La couleur de la robe marquait feulement la diftinction des rangs, & le dégré de faveur des courtifans. Le banquet
fini, chacun fe donna la main, & le Chef
commença une hymne d'actions de graces à l'Eternel, que tout le monde ré-
pétait après lui. ——

Le cantique ne fut pas achevé que
le Prince des Anges leur adreffant la
parole, les fit prendre place fur des
lits qu'on avait préparés, & il leur parla
ainfi : O Etrangers ! vous avez été choifis
parmi le grand nombre des enfans de la
terre, pour y reporter avec vous quelque idée des béatitudes de ce féjour ;
apprenez-leur que l'ombre du bonheur
eft pour les fens, & que c'eft le feul
fentiment de notre ame qui lui donne
la réalité ; que plus elle fe débaraffe des
organes qui la contrarient, & qui la

trompent, plus elle s'éleve au-deſſus de la nature : & que plus elle parvient à la laiſſer loin d'elle, plus elle ſe raproche du grand principe de ſa conſtitution, en retrouvant en elle le triple don de ſa-geſſe, d'amour & du ſecret de s'en ſervir. Que ſont vos plaiſirs dans ce bas monde ? des déhors trompeurs, dont vous regrettez tôt ou tard le preſtige ! des illuſions, qui vous ſéduiſent, des voluptés qui vous corrompent ; vous bûvez l'amertume dans la coupe de vos chimeres ; la moitié de vos jours ſe paſſe dans l'yvreſſe, & l'autre dans le reventir ; parce que les ſens ſont toujours près de votre cœur, & que l'ame oubliée dans le choix de ces funeſtes plaiſirs, n'en règle preſque jamais la jouïſſance. En achevant ces mots il ſe leva ; chacun ſe donna le baiſer de paix ; les étrangers furent reconduits dans l'appartement, qui leur était destiné, où quelques courtisans qui les accompagnerent, leur firent les descriptions des cités , des villes qui étaient sous la domination de leurs Chefs , & de tous les plaisirs que les habitans s'y procuraient.

Le soir approchoit, lors qu'un Ange dépêché vers ces étrangers vint les inviter à des nôces , dont la célébration devait se faire le lendemain. Ils donnerent la nuit au repos : & quoique l'impatience eût dû abréger leur sommeil, ils ne s'éveillerent qu'aux chants harmonieux de mille vierges, & d'autant de jeunes gens, qui chantaient à l'unisson le bonheur de l'amour conjugal. Leur conducteur vint les avertir qu'il était tems de s'y rendre ; & après s'être revêtu de la robe qu'ils avaient reçue la veille, ils le suivirent dans l'endroit de la fête, où les ordres avaient été donnés d'avance pour l'accueil qu'on devait leur faire. Ils furent conduits dans un appartement qui précédait celui où était la couche nuptiale; & ils apperçurent, fur un autel, un chandelier d'or à fept branches, d'un poli & d'un travail achevés, auxquelles étaient fufpendues des lampes émaillées de mille & mille couleurs, qui répandaient une clarté telle que les tendres rayons, dont l'aurore d'un beau jour embellit la nature, lorfqu'elle commence à éclairer l'horifon. Des deux côtés de cet autel, on voyait, fur deux crédences, des pains facrés & des coupes de cryftal, qui devaient fervir au myftere de l'union des deux époux. Ils admiraient, ils confideraient tout ce qui s'offrait à leurs regards, lorfqu'une porte s'ouvrit devant eux, & leur découvrit l'époux & l'époufe, qui majeftueufement précédés de vierges & de jeunes gens d'une raviffante beauté, vinrent fe placer aux deux côtés de l'autel. Le vêtement de l'époux ne différait de celui de l'époufe que par un Ephod chargé de hiéroglyphes & de fymboles & enrichi de rubis ; leurs têtes également couronnées des pierres les plus précieufes & les plus rares, femblaient préfager pour tous deux l'égalité de leur empire fur leurs volontés & fur leurs cœurs. Ils fe profternerent, fe releverent, & s'affirent l'un auprès de l'autre, après quoi l'époux en paffant au doigt de l'époufe un anneau d'or en figne d'alliance & de fidélité détacha fon colier & fes braffelets, dont il lui fit de nouveaux ornemens en lui difant : c'eft à-préfent que je fuis à vous, c'eft à-préfent que vous êtes à moi. Auffitôt il la prit dans fes bras, la preffa fur fon fein, & l'embraffa pendant que toute l'affemblée s'écria en élevant les yeux

vers le Ciel ; que la bénédiction descen-
de sur leur tête & qu'elle y demeure
tant que leurs cœurs seront unis ! Dans
l'inftant un doux parfum se répandit,
les coupes furent remplies , & les pains
partagés ; après quoi ce couple enchan-
té se retira dans la chambre de la couche
nuptiale accompagné du même cortège
qui l'avoit précédé. Sur le feuil de la
porte les époux reſterent feuls, & la porte fut fermée. Les étrangers demanderent à l'Ange s'il pouvait être un mariage fans la confécration du Prêtre, &
l'Ange pour fatisfaire à leurs demandes ,
leur apprit que le défir & le confentement étaient dans le Ciel la feule effence
de l'union conjugale, & qu'on n'avait
pas befoin pour en perpétuer la durée
de toutes ces formalités, de tous ces
ufages, que les loix ont autorifés fur la

terre

terre pour fixer l'inconſtance dés hommes & pour enchaîner leurs caprices.

L'Ange interprétant encore l'admiration de ſes hôtes pour les vierges de
l'aſſemblée, les pria de s'approcher d'eux,
ce qu'elles firent en avançant quelques
pas ; mais leur pudeur ayant à ſon tour
préſumé les feux qu'elles pourraient in-
ſpirer, elles diſparurent ; & les Sages con-
fus de l'épreuve qu'ils venaient de faire
de tant de beautés & de tant de charmes,
avouerent de bonne foi qu'il ne faudrait
qu'un ſeul de leurs regards pour déſoler
le monde, & pour embraſer l'Univers.

Il était tard ; l'Ange les avertit qu'il
était tems de ſe retirer, & pour ce jour-
là ils ſe ſéparerent. Le lendemain, à
peine fut-il jour qu'ils entendirent crier
de toutes parts : c'eſt aujourd'hui le jour
du Sabbath, & auſſitôt ils virent de nouveau leur guide qui leur apprit que ce

jour était confacré au culte du Seigneur, & qui les mena dans le temple, où après avoir glorifié & rendu graces, ils furent enfin, après le troifieme jour, reconduits fur la terre, emportant avec eux l'idée des biens céleftes, & une connaiffance commencée du bonheur du Paradis & des joies de l'éternité.

J'affure ici de nouveau, que tout ce que je viens de dire, eft vrai de toute vérité ; que la premiere partie de ce que j'ai raconté, s'eft paffé dans le monde des efprits, qui eft dans un efpace mitoyen entre le Ciel & l'Enfer, & l'autre partie dans le Ciel des Anges. Qui pourra voir de fi grandes chofes fans un don de Dieu! qui pourra pareillement les croire fans fa grace! parce que telle eft la folie des hommes, peut-être même la faibleffe de leur nature, que la facilité de s'arrêter au menfonge, qui les féduit, les empêche de s'élever jufqu'à la vérité qui leur coûterait des facrifices.

§. I.
Des mariages qui fe font dans le Ciel.

Ceux qui croient que l'homme ne foit plus qu'ame après fa mort, croiront difficilement à ces unions charmantes, que je viens de décrire ; parce que felon eux, un foufle ne peut pas plus fe fixer qu'un efprit, s'enchaîner dans les nœuds de l'amour & du plaifir ; il n'en eft pas moins vrai que l'homme eft toujours homme après fa mort ; qu'il conferve fon fexe, que fon amour lui furvit, & qu'il renouvelle fes nœuds dans le Ciel, quand il n'a pas cherché à les diffoudre & à les rompre fur la terre. D'après ce que je fais, ce que j'ai appris & ce que j'ai vû, j'affurerai donc que l'homme en quittant le féjour qui le vit naître, retrouve une nouvelle forme qui reffemble à celle qu'il a perdue, avec cette feule différence qu'elle eft en tout plus agréable & plus parfaite ; d'où j'avance, que s'il eft effectivement dominé par la matiere fubtile, comme il eft compofé d'une fubftance prefque toute fpirituelle, il n'en a pas moins une forme humaine telle que celle des Anges qu'il plut au Seigneur d'envoyer autrefois à Gédéon, à Daniel, aux Patriarches & aux Prophètes ; telle enfin que m'ont paru fouvent avoir ceux que le Ciel a daigné m'envoyer pour m'inftruire. Quant à ces affections tendres & délicieufes que je dis ici, qu'il conferve & qui furvivent après lui, c'eft ici qu'il faut que l'idée de l'homme s'arrête ; parce que l'amour, ce bien fuprême raproché de la pureté de fon principe, n'eft plus cet amour altéré, flétri & corrompu dans un cœur de chair, où l'orage & le tumulte des paffions l'ont dénaturé.

Pour prouver ce que j'avance, je vais raconter encore ce que j'ai vû dans le monde des efprits. Je méditais fur les délices de l'amour conjugal, lors qu'une de ces intelligences du troifieme Ciel vint à moi & me dit : Je devine ce qui vous occupe, & pour mieux encore éclairer vos idées, venez & je ferai def-cendre près de vous un couple de ces époux fortunés qui doivent parmi nous leur félicité aux nœuds de cet amour.

Au même inftant je vis arriver un char brillant de lumiere, attelé de deux jeunes courfiers blancs comme la neige, qui fendaient l'efpace des airs avec la ra-pidité des vents. Ceux qui les condui-faient portaient chacun d'une main une tourterelle & de l'autre les rênes flottantes de ces superbes coursiers. Voulez-vous, s'écria l'un d'eux, en me voyant, que nous approchions plus près de vous; mais songez que nous descendons d'un Ciel, dont l'atmosphere est toute de feu, & que la seule communication d'une étincelle de celui qui nous reste, suffit pour vous embraser & vous consumer entierement? Je resterai loin de vous, répondis-je; mais par grace daignez approcher encore, pour que mes yeux puissent vous contempler de plus près. Ils avancerent donc, & me dirent: Voyez en nous deux époux de l'âge d'or, qui depuis ce tems jusqu'aujourd'hui ont conservé la fleur de leur premiere jeunesse comme la premiere flamme de leur amour. En effet l'un me parut être dans cet âge heureux, où l'adolescence représente l'accomplissement des perfections de la nature; sa compagne me parut également par fa fplendeur & par fon éclat, un rayon détaché du célefte flambeau. Leurs regards exprimaient le bonheur, & peignaient l'innocence : l'amour pur l'entretenait. Apprenez donc, me dit un Ange qui les fuivait, apprenez donc qu'il n'eft qu'un bien dans tous les mondes ; que ce bien fuprême eft dans l'union de deux cœurs fortement attachés l'un à l'autre, dont toutes les impreffions, tous les mouvemens, toutes les affections fe confondent, & qui tous deux embrafés du même feu, laiffent à l'ame à enchaîner à fon tour la volupté & les plaifirs dans les liens de la fageffe ; mais apprenez, ô mon fils, que ce ne fera que dans la nouvelle Jérufalem que les fens perdront à ce point leur empire ; & à ces mots, il laiffa échapper de fes mains en difparaiffant un rouleau de papier, où je relus de nouveau ce que je venais d'entendre.

Une autre fois, tranſporté dans le même Ciel, j'y vis arriver trois jeunes hommes, que la mort avait moiſſonnés ſur la terre dans leur plus beau printems; tout les étonnait & leur ſemblait merveilleux; mais ce qui redoublait encore leur ſurpriſe, c'était de ſe retrouver ce qu'ils avaient été. Ils ſe touchaient pour s'aſſurer de la vérité de leurs organes; parce qu'ils étaient encore imbus de l'erreur commune, que l'ame ne prend un nouveau corps qu'après le jugement dernier, qu'on a toujours regardé comme le terme de la réſurrection. Ils furent rencontrés par des Anges, auxquels ils apprirent comme ils avaient fini leur vie, & ſur-tout l'étonnement, où ils étaient de celle qu'ils allaient commencer. Que nous étions dans l'erreur, diſaient-ils; nous nous croyions condamnés à errer pendant des ſiecles éternels dans l'eſpace immenſe de ces ſpheres inconnues, qui forment les Cieux des Cieux du globe que nous habitions, & nous retrouvons ici cent fois plus que nous n'avons perdu ſur la terre; nos organes ſont les mêmes, plus frais, plus vigoureux & plus robuſtes, nous avons repris, depuis que nous y ſommes, les roſes de la jeuneſſe & l'embonpoint de la ſanté ! Sans entrer dans tous les détails de tout ce qui nous enchante, ah ! laiſſez à nos cœurs à vous rendre les plus vifs ſentimens qu'ils aient éprouvés, en vous deſſinant l'image des beautés qui les ont ſéduits. L'Ange devina qu'ils avaient déja vû les femmes de ce charmant ſéjour, & l'Ange devina juſte. O jeunes gens, leur dit-il, que l'amour que vous avez connu eſt bien autre que celui que vous devez connaître ! Ce n'eſt en ces lieux qu'une affection tendre & délicate, qu'un feu pur &

fubtil, que l'ame feule a droit de partager; & comme dans la jouïffance de vos
plaifirs, l'ame fut prefque toujours oubliée fur la terre, de même ici l'ame
jouït feule, & les fens font oubliés à leur
tour. Quoi donc, s'écrierent avec douleur les nouveaux venus, quel eft donc
votre Ciel, fi tant d'attraits y font per-
dus! fi l'amour réduit au trifte hommage d'une admiration ftupide, ne s'allu-
me ici que pour entretenir l'oifiveté de
vos langueurs, ou pour s'éteindre dans
les glaces de votre infenfibilité? Ah plûtôt, une feconde fois rendez-nous à la
terre; nous y préférons nos délires, &
nous laifferons fans envie l'ennuyeufe in-
fipidité de vos éternels plaifirs, qui ne
vaut pas un feul moment de l'yvreffe de
nos fens.

L'Ange aurait combattu longtems
pour les convaincre, lorfque prenant le

parti de les faire approcher de quelques
vierges qui paraiſſaient fuir à leur aſpect,
un nouveau prodige confondit leur luxure, en ſubſtituant à leur forme angélique les déhors de ces êtres ſauvages,
ſymboles mépriſables parmi nous de l'in-
tempérance & de la brutalité. La vuë
leur fut laiſſée pour juger de l'horreur
qu'ils inſpiraient, & la voix leur fut encore conſervée pour ſe plaindre. L'Ange compâtit à leurs gémiſſemens &
s'attendrit à leurs cris douloureux.; devenez comme nous, leur dit-il, & connaiſſez enfin les charmes & la douceur
de notre amour; laiſſez éclairer votre
ame, qu'elle brûle, qu'elle s'embraſe
& qu'elle ſoit conſumée à ſon tour de la
flamme qu'elle aura allumée; que l'objet que votre ardeur aura choiſi, raſ-
ſemble, occupe, abſorbe tous vos ſentimens, toutes vos affections, toutes vos

penſées ; que noyés , qu'abîmés , que
confondus tous deux dans les mêmes
épanchemens , les mêmes délices , la
diviſion de vos cœurs à la fin devien-
ne inſenſible pour vous - mêmes ; vos
ames alors heureuſement rapprochées &
fortement unies par l'amour , nageront
dans un torrent de félicité qui ne vous
laiſſera rien à déſirer ; la couche nuptiale alors ſe préparera pour vous , & les
fruits de votre hymen ne vous coûte-
ront ni larmes ni inquiétudes , ni re-
pentirs ni regrets. Sans doute un retour ſur eux - mêmes diſpoſa le miracle
qui leur rendit leur forme ; & ſe pro-
ſternant au pied de l'Ange , ils l'aſſu-
rerent tous enſemble du triomphe de la
ſageſſe ſur leurs ſens & du changement
de leurs cœurs.

§. 2.

De l'état des Epoux après leur mort.

Quand le cœur s'est donné fur la terre, la mort ne brife pas fes liens, & dans le Ciel il demeure encore uni à fon objet, d'où il arrive que le premier des époux que la mort a ravi, foupire & fait des vœux pour être réuni. C'eft encore une vérité que j'apprendrai aux hommes qui veulent s'inftruire des grands myfteres ; parce que c'eft pour eux feuls que j'écris & que j'ai reçu d'enhaut l'ordre d'écrire ; afin qu'avec le tems, le cahos fe débrouille, que l'obfcurité de l'ignorance fe diffipe, & que le jour naiffe pour éclairer le monde.

Je fais donc, parce qu'il me le fut dit, que chaque fexe conferve après fa mort le même attrait pour l'autre fexe, & par conféquent le même défir de s'unir ; j'ajouterai qu'on n'y parvient que par les nœuds de l'amour conjugal ; que les époux qui se sont tendrèment aimés se retrouvent dans le Ciel, qu'ils y renouvellent le contract de leurs cœurs, & même pendant un certain tems, les terrestres plaisirs de leur premiere jouissance, jusqu'à ce que plus épurés par l'habitude de ce nouveau Ciel, ils parviennent à la suprême félicité des nœuds qui leur sont conservés ; enfin je dirai qu'ils y vivent, & qu'ils s'aiment sans contrainte; qu'ils ont la liberté de changer & que les fruits de leur amour ne sont & ne peuvent être que les fruits de la sagesse, ce qui fait la premiere différence du Ciel des Bienheureux & des abîmes où les méchans sont confondus. L'amour tient à l'ame, par conséquent l'amour suit l'ame, & quelque région qu'elle habite, elle éprouve toujours le befoin d'aimer, parce qu'il fait partie du premier principe de fon effence. L'homme pendant fa vie comme après fa mort, fe diftingue toujours en homme extérieur, & en homme intérieur; de-là la facilité de fe reconnaître, & le plaifir de fe retrouver, jufqu'à ce que la premiere diftinction fubordonnée à la feconde, il n'ait plus befoin que des feuls mouvemens, des feules impreffions, des feuls fentimens de fon ame, pour fe concentrer & s'identifier avec l'objet, avec lequel il ne forme plus à la fin qu'une même volonté, qu'un feul défir; c'eft pourquoi l'homme, qui aura convolé fur la terre à de fecondes nôces, partagera également fes careffes dans le Ciel avec les époufes qu'il aura chéries, jufqu'à ce que la partie intérieure de lui-même fanctifiant, purifiant & éclairant fes goûts, lui faffe aban-

donner l'une pour fe fixer à l'autre, fi
elle doit fuffire à fon bonheur; parce que
dans ce féjour angélique, le cœur ne peut
pas plus être partagé, que dépouillé de ce
befoin, de cette néceffité d'aimer, qu'é-
prouveront à la fin dans ce nouveau Ciel,
ces célibataires, qui n'en ont jamais connus fur la terre le fentiment & le défir.

M'étant un jour adreffé à l'Ange,
qui m'apprenait ces merveilles : Ne pour-
rai-je donc pas, lui demandai-je, re-
voir le temple de la fageffe, où vous
m'avez déja conduit? Aucun homme,
me répondit-il, ne peut vous en montrer le chemin; mais voulez-vous apprendre à le connaître, fuivez toujours l'é-
clat de la lumiere; réglez vos pas fur la
gradation de fa fplendeur, & vous y parviendrez.. Je marchai, & après avoir fait
feul beaucoup de chemin du côté du Midi, je rencontrai deux Anges, qui fai-

faient

faient la même route. Nous arrivâmes enfin en un lieu environné de colonnades & de portiques, entourés de l'auriers. Dans fon centre était le temple que nous cherchions. Le gardien de ces beaux lieux me voyant dans la compagnie de deux Anges, me laiffa paffer, & traverfant une avenue où nous découvrimes plufieurs petites folitudes délicieufes, jufques dans leur fimplicité, & qui fervaient de retraite aux Sages, qui y faifaient leur habitation. L'envie nous prit de nous y arrêter, pour approfondir de plus près leur fageffe, & pour mieux nous convaincre de leur bonheur. Nous heurtâmes à une des portes ; & le premier accueil, qu'on nous fit, fut de nous preffer d'entrer, & de nous témoigner, en cent façons, le plaifir que nous faifions à des hôtes empreffés, dont rien n'égalait la courtoifie. Cette habitation me parut divifée en deux appartemens. Je m'informai de la deftination du fecond; croyez-vous, me répondit cet hôte gracieux, que nous puiffions vivre feuls, & ne favez-vous pas qu'il n'eft point d'exiftence fans avoir un objet qui la partage ? Sur ces entre-faites, plufieurs Sages fe fuccéderent & nous entretinrent des délices de l'a-mour, & de la premiere caufe de la beauté. L'un dit que le Ciel avait doué les femmes de tant d'attraits pour exci-ter & entretenir en nous ce principe d'a-mour, auquel il avait attaché le fouve-rain bien. Un fecond ajouta que leurs charmes étaient l'image de la fageffe, comme l'amour devait être dans nos cœurs un feu toujours actif & toujours prêt à s'embrafer pour elle. Le troi-fieme affura que l'amour conjugal était le comble de la félicité; & que fi la beauté était pour les fens l'amorce du plaifir, l'ame, qui parvenait à s'unir avec elle, refplendiffait à fon tour des mêmes attraits & des mêmes charmes. Un autre foutint que le motif de cette réunion exiftait dans l'intention primitive du Créateur, que tous les êtres en général avaient leur fexe; que tous étaient aimantés pour fe rejoindre & pour fe réunir; & que tel qui cherchait à tromper la nature, en s'éloignant des femmes, en dédaignant leurs charmes & leurs attraits, était un monftre, qui ne portait dans la fociété que la confufion & le défordre. D'autres en un mot toujours d'accord; toujours unanimes fur cet objet, ajouterent que c'était dans les graces du beau fexe que l'homme perdait fa férocité; que cruel, dur, & fauvage par lui-même, fon organifation aride, groffiere & brûlante, abreuvée

de ce fluide fenfible & temperé, devenait à fon tour plus parfaite en s'uniffant à la beauté; & que fe communiquant, s'enchaînant toujours l'un à l'autre & s'identifiant par dégré, l'homme
devenait enfin dans les nœuds de l'amour
conjugal, l'accompliffement de toutes les
perfe&ions & le chef-d'œuvre de tous
les êtres. Alors l'époufe chérie du Sage qui nous avait accordé l'entrée de
fa maifon, s'avança vers nous, ils parlerent tous enfemble, & je ne diftinguai
qu'une feule voix, tant leurs organes
étaient déja confondus. On me conduifit enfuite au temple de la fageffe,
que j'eus le tems de parcourir: & un
Ange vint s'offrir à moi pour me re-
conduire jufqu'ici-bas.

§. 3.

Du véritable amour conjugal.

Cet amour dans sa perfection, est si rarement connu des hommes, qu'il en est peu sur la terre, qui puissent le définir; parce qu'il en est peu qui cherchent son principe dans l'amour du bien & de la vérité. Cette correspondance, cette harmonie, cet enchaînement des cœurs a son premier anneau dans le Ciel, comme le premier fondement de sa spiritualité. C'est de cet anneau que dérive le torrent de délices, qui porte dans notre ame tous les biens & tous les plaisirs. — Mais il n'est que ceux qui demeurent soumis au précepte, qui les éprouvent, & la dépravation des hommes, comme la corruption des siécles, en ont presque détruit toute idée. C'est de là que la jouïssance est devenue pour nous le tombeau du plaifir; c'eft de là qu'au défir fuccède l'indifférence, qui entraîne après elle l'infenfibilité, qui nous conduit au dégoût; c'eft de là que l'amant dans la couche de l'hymen, ne trouve plus les charmes qui l'ont féduit, & qu'il oublie les plaifirs de la veille, en s'effrayant d'avance de la répugnance du lendemain. L'homme en naiffant n'eft qu'une matiere douée de certaines difpofitions affectées à fes organes, qui s'étendent & fe développent avec le tems, & qui laiffant à l'entendement la liberté d'exercer fes facultés, font infenfiblement un être penfant, d'un homme purement extérieur, & fans idée.

L'amour a comme tout le refte fes gradations, fes progreffions & fon accompliffement, qui eft le terme de la cupidité & le commencement de fa valeur & de fa force dans un cœur qui a fû entretenir & conferver la pureté de fon feu. Il a comme tout ce qui exifte dans la nature, le bien pour principe, & la vérité pour objet ; cette tendance générale & commune dans tous les êtres, eft le grand miftere de la Divinité, qui, en divifant toutes les fubftances créées, dans tous les mondes, a attaché leur fouverain bien à la néceffité de fe rechercher & de s'unir. Telle fut donc l'harmonie établie par le Créateur de l'Univers, qui, en nous donnant à tous ce commun penchant, voulut que l'amour commençât par le cœur, qu'il fe purifiât par l'efprit, & qu'ainfi purifié, il portât dans notre ame ce feu célefte, qui fait le premier principe de fon effence. Mais comme il plut à Dieu de me manifefter la différence des idées des hommes fur ce fentiment d'amour, dans les différens âges du monde, ma

bouche s'ouvre encore à fa volonté , &
je retrace de nouveau ce que j'ai vû.

Un jour que j'élevais fortement mon
cœur vers la Divinité , que je la fuppliais de m'éclairer, & de me faire connaître les perfections de cet amour, un
Ange fut envoyé du Ciel & me dit :
Parce que vous avez fû demander, vous
ferez exaucé ; vous fuivrez, vous con-
naîtrez le bien & le mal de vos femblables, en parcourant avec moi tous les fié-
cles depuis l'âge d'or jufqu'au fiécle de
fer ; & vous verrez enfin jufqu'à quel
point ce premier principe de fageffe &
de bonheur s'eft dénaturé dans leurs
cœurs.

J'errai longtems avec lui dans des
routes tortueufes & difficiles , je traver-
fai des déferts immenfes , coupés à chaque pas par des fentiers, qui menaient
à des précipices , que l'Ange m'affura

devenir toujours funeftes aux infenfés,
qui croyaient pouvoir marcher fans gui-
des dans ces Dédales multipliés par la
Providence, pour défendre le féjour heureux de l'innocence , de la contagion
répandue fur les autres furfaces du monde. Ce féjour en effet n'eft habité que
par les premiers enfans du premier homme, qui ont vécu dans la fimplicité,
& qui ont confervé dans leur ame les
premieres impreffions de la nature. —
Nous parvinmes enfin à un bois de cè-
dres, qui portaient leurs têtes jufqu'aux
nues , & qui ombragaient un camp
formé de tentes de feuillages , auprès
desquelles on voyait des troupeaux qui
fe repofaient, des geniffes qui paiffaient
tranquillement & de jeunes agneaux qui
bondiffaient fous les yeux de leur mere.
Tous ceux qui me femblaient veiller à la
garde de ces troupeaux, me paraiffaient

des enfans, qui folâtraient entre eux, & qui n'avaient rien de grave & de férieux dans leur extérieur & dans leurs jeux. Comment donc, dis-je à l'Ange d'un air étonné, je ne croyais rencontrer ici que des vieillards & je n'apperçois que des enfans? L'apparence vous trompe de loin, me dit-il; & en effet à quelque diftance, c'eft ainfi qu'ils paraiffent; mais approchez-vous, & vous verrez fous les déhors de l'ingénuité, la pureté des mœurs & tous les principes d'une confcience droite & fimple dans toutes leurs actions.

Nous vimes en effet que près de nous, leurs traits paraiffaient plus décidés, que l'âge avait imprimé fur leurs fronts ce caractere d'expérience & de dignité qui en impofe, fans y avoir placé les rides de la vieilleffe. Ils nous aborderent, & nous ayant interrogé, ils nous demanderent, comment & par quel prodige nous avions pû pénétrer jufqu'à eux; car à notre extérieur ils devinerent fans peine, que nous étions étrangers. Après leur avoir répondu, un d'entr'eux nous conduifit dans la tente qu'il habitait: je lui demandai à connaître le bien inexprimable de cette union conjugale; il confentit à nous en entretenir. Son premier foin fut de nous préfenter cet objet chéri de toutes ces affections; fon air feul peignait & le bonheur qu'il éprouvait, & celui qu'il faifait éprouver. Mes yeux ne fupportaient pas l'éclat de leurs regards; c'étaient des flambeaux, dont la flamme devorait la diftance: ils s'entendaient fans fe parler, & ils fe parlaient fans qu'on put diftinguer leurs accens, tant ils paraiffaient ne faire qu'un. Je ne pus m'empêcher d'en témoigner mon étonnement, lorfque ce Sage me

dit encore : L'homme eſt né avec le principe d'amour, pour que cet amour ſe per-
de dans la ſageſſe ; la femme au contraire eſt née avec le principe de la ſageſſe, qui dans notre état de perfection
ſe perd & ſe confond dans notre amour ;
c'eſt donc dans la transſubſtantiation de
ces deux principes, que nous devenons
réellement ce que nous devons être, &
que nous rempliſſons les vues du Créateur. A ces mots une nouvelle lumiere
ſe répandit, je vis & je lus en lettres de
feu : *C'eſt la volonté de l'Éternel.* Au
même inſtant un autre de ces habitans
fortunés, ſans doute envoyé à deſſein,
me remit une coupe travaillée en fili-
gramme, remplie de ſemence d'or que
j'emportai comme un témoignage du ſéjour que j'avais fait dans cet heureux Ciel
du premier âge ; & je me retrouvai ſur
la terre.

Le lendemain mon Ange vint à moi, & me dit encore: Voulez-vous, ô mon fils, vous inftruire ? fuivez-moi, & je vous conduirai au Ciel du fecond âge. Je le fuivis ; il prit fa route entre l'Orient & le Midi. Après avoir traverfé plufieurs montagnes, defcendu plufieurs vallées & franchi plufieurs déferts, nous nous trouvâmes au revers d'une colline prefque couverte de rochers taillés diverfement, & qui repréfentaient des figures humaines & différentes efpeces d'animaux. Tout cela, me dit mon guide, doit vous prouver que dans ce fiecle le jour de la vérité én commençant à s'obfcurcir, s'enveloppa fous des fymboles & des allégories, qui le rendirent déja plus difficile à reconnaître ; & comme l'efprit de l'homme n'eft pas toujours celui d'un jufte difcernement, de-là vint le commencement de la corruption fur la terre, de-là le défordre qui s'eft toujours augmenté & perpétué dans la fucceffion des tems. Nous arrivâmes enfin aux portes d'une cité magnifique, dont les places publiques étaient remplies des plus beaux monumens. Tous les édifices étaient autant de palais décorés de colonnades & de portiques, nous en admirions l'élégance & la fomptuofité, lorfqu'on vint nous inviter civilement à nous repofer. L'Ange interpréta nos défirs à celui qui nous faifait ces offres; & après lui avoir témoigné l'envie de nous inftruire de l'idée & de l'opinion de leur Ciel fur l'amour conjugal, voici ce qu'il nous en apprit. La plûpart de ceux qui font ici, nâquirent dans les contrées de l'Afie, & firent leur principale étude de la connaiffance de la vérité. Nous trouvâmes dans toutes les chofes de vôtre bas-monde une telle harmonie, une telle concor-

dance des chofes inférieures avec les chofes fupérieures, que regardant l'union
de l'entendement avec la vérité, comme
la chofe la plus parfaite, nous avons jugé que l'union conjugale étant également dans le même dégré de perfection,
elle devait par conféquent correfpondre
à l'union de l'entendement & de la vérité
pour s'identifier & ne former enfemble
qu'une feule & même perfection. C'eft
en ce fens que nous difons que l'homme
eft né pour le bien, comme la femme
eft née pour la vérité. Alors un appartement intérieur s'ouvrit de lui-même,
& je vis un lit entouré de mille hiéroglyphes, au haut duquel paraiffait être
un dôme brillant & varié de toutes les
couleurs de l'iris, qui fe confondant &
fe perdant infenfiblement, confondaient
à leur tour leurs nuancés dans trois couleurs principales, qui étaient le pourpre,

le violet & le blanc. La premiere était
le fymbole de l'amour, la blancheur celui de la fageffe, & le violet le fymbole
de l'union des deux autres. Après cette
explication je reçus une grappe de rai-
fin, dont les feuillages & les pampres qui
l'entouraient, devinrent d'argent entre
mes mains, & tel fut le figne que je reçus en témoignage du féjour que j'avais
fait dans le Ciel du fecond âge.

Le jour fuivant mon guide revint &
me dit : O mon Fils, préparez-vous encore à me fuivre dans les régions de l'Occident, parce que c'eft-là qu'eft la demeure des enfans du fiécle d'airain. Je
le fuivis à travers des bois de palmiers &
de lauriers d'une étendue prodigieufe,
qui nous menerent fur une haute montagne, où je vis des Géans d'une taille
fi démefurée, que je doutai long-tems
que ce fuffent des hommes, tels que ceux

qui

qui naissent sur la terre. Nous ayant ap‑
perçus, ils vinrent à nous, & nous de‑
manderent quelle était la puissance qui
nous avait conduit jusqu'à eux? Le Dieu
de toutes les mondes, reprit l'Ange; &
à ces mots, ils nous laisserent passer. Nous
montâmes encore plus qu'auparavant, &
nous découvrimes une ville spatieuse, dont
toutes les maisons étaient construites de
bois odoriferant, & dont les toits étaient
d'airain, symboles, me dit l'Ange, des
avantages que l'homme de ce tems ‑ là
trouvait encore dans les biens de la na‑
ture. Il y a encore ici une autre enceinte
construite de bois plus précieux, au mi‑
lieu de laquelle est un sanctuaire, qui
renferme la parole de Dieu donnée aux
premiers habitans de l'Asie long ‑ tems
avant la révélation, qui fut faite aux en‑
fans d'Israël. Ce livre sacré se nomme
les grands triomphes de Jéhovah & les

G

oracles de son Prophête, dont sans doute
l'Eternel a donné connaissance à Moyse,
comme il paraît au livre des Nombres
XXI. ℣. 14. 15. & ℣. 27. 28. 29. & 30.
Il me fit avancer, & je fus ébloui d'u-
ne lumiere si vive, que je ne pus en supporter l'éclat. Aussitôt je me vis environné de plusieurs habitans de ce séjour,
aux questions desquels l'Ange répondit
pour moi, en les priant de m'éclairer sur
les charmes de leur union. Après m'avoir
peint l'amour comme ils le sentaient, ils
m'assurerent que le premier précepte de
la Divinité, que la premiere règle de
son culte de laquelle dépendaient toutes
les autres, était de diriger son cœur vers
l'objet que la Providence avait aimanté
pour lui; de le chercher jusqu'à ce que
l'on soit parvenu à le trouver, de s'y unir,
de s'y attacher, de s'y fixer; & qu'enfin
c'était dans la perfection de cette union

que l'Eternel avait placé la félicité suprême. En même tems celui qui m'inſtrui-
ſait, me conduiſit dans un jardin où il
cueillit quelques branches d'arbres, dont
le ſuc aromatique ſe changea dans mes
mains en airain le plus pur, qui dans
ſes extrémités ſe transformait en or, &
tel fut le témoignage que je rapportai du
Ciel du troiſieme âge.

Deux jours n'étaient pas écoulés, que
l'Ange revint encore & me dit : Achevons
notre courſe ; & ſoudain dirigeant mes
pas du côté du Septentrion, bientôt nous
nous trouvâmes au milieu d'une vaſte forêt que des chênes antiques rendaient
preſque impénétrable à la clarté du jour.
A droite, à gauche, je ne découvrais que
des ours & des léopards qui redoublaient
mon ſaiſiſſement. M'adreſſant à l'Ange
pour me raſſurer dans ma frayeur, il
m'apprit que telles étaient encore les ap-

parences des gardiens de ce féjour, qui ne différaient de notre efpèce, que par la préférence qu'ils donnaient à leurs fens fur la fpiritualité de leur ame. „ Que „ ceux qui lifent aujourd'hui ce que j'é- „ cris fans en tirer avantage, fe compa- „ rent aux ours, & que ceux qui dou- „ tent de la vérité, fe comparent aux „ léopards, que j'affure avoir trouvés dans „ cette enceinte ; & dont je n'évitai la „ férocité, que par l'affiftance de celui „ qui me conduifait. " Au-delà de la forêt, nous trouvâmes encore des champs, bordés de haies & de buiffons, qui n'at- tendaient plus que la faux du moiffon- neur ; nous errâmes de détours en dé- tours, pendant lefquels nous eumes affez longtems le même fpectacle. Après avoir découvert plufieurs villes, nous entrâmes dans une de celles qui nous avait paru la plus confidérable. Ce n'était plus ce même ordre, ce même arrangement, ce même goût! des places irrégulieres, des édifices fans architecture, des monumens fans objet, des palais couverts de chaume & des chaumieres ornées comme des palais; telle était l'extravagance de leur génie, la bifarrerie de leur efprit, & la groffiereté de leur goût! Une pente tortueufe & difficile nous conduifit à une efpèce de Temple, rempli d'idoles grotefques, aux pieds defquelles nous vimes enfin leurs adorateurs, dont les cérémonies & les rites auffi ridicules que leurs vêtemens, exprimaient de toute maniere la fuperftition, l'égarement & le délire.

Vous voyez, me dit mon guide, jufqu'à quel point l'homme s'eft dégradé avec le tems, en s'éloignant de la vérité. Le premier âge en confervant fa pureté, la tranfmit au fecond âge, dans lequel

l'homme ayant déja perdu de fa fpiritualité, imagina de fe la rendre fenfible par
des repréfentations & des images qui
pouvaient en fixant fes idées le rappeller
à la vertu. Le même efprit fe corrom-
pant par dégrés, l'homme du troifieme
âge ne diftingua plus que la moitié de la
vérité, dans ces fymboles qui font à la
fin devenus le feul objet du culte groffier
des enfans du quatrieme âge, qui tout
entiers voués à la ftupidité de leurs fens
& dépouillés du vrai principe, vivent aujourd'hui brutalement dans les ténèbres
de l'ignorance, en careffant les erreurs
du menfonge & les illufions de leur
chimere.

En difant ces mots, l'Ange me conduifit dans la maifon d'un des principaux
habitans, qui m'avoua que fi le bonheur
confiftait à s'unir avec l'objet aimé, c'é-
tait multiplier le bonheur que de multi-

plier les objets de fon amour ; la gloire de l'homme eft d'étendre fa domination & fon empire fur les cœurs qui lui font affujettis ; la femme ne fut née que pour nous ; elle n'exifte que pour nos plaifirs ; c'eft donc, ajouta-t-il, devenir doublement heureux que de favoir en étendre la jouïffance ! Mon indignation s'enflammait, lorfque la foudre qui fe fit entendre, imprima fur fon front la crainte qu'il reffentait dans fon ame : L'orgueil fit alors un nouvel effort pour déguifer fa honte, & m'adreffant la parole. Ne prenez pas, me dit-il, pour une vaine frayeur ce qui n'eft en moi que l'effet de l'efpérance & du refpeдt. Un Sage de l'Orient nous eft annoncé, & les éclats de la foudre précéderont fa venue. Ce fera lui qui nous inftruira, qui éclaircira nos efprits, qui ouvrira nos yeux à la vérité ; & toutes les fois que le Ciel

gronde & tonne fur nos têtes, nous éle-
vons nos bras pour le prier de hâter fes
bienfaits. Fuyons, me dit l'Ange, en
m'arrachant de ces lieux, & fouvenez-
vous, que quand la dépravation aura
achevé de corrompre leur cœur, le principe de la vérité renaîtra même de fa
corruption; mais ne vous effrayez pas
de ce que vous venez de voir. Daniel a
dit de la race des hommes, qu'il vien-
drait un tems où le fer fe mêlerait en-
vain à l'argille; comme ils fe proftitue-
raient dans leur femence; je vais donc
vous montrer la fuite de ces fiecles dé-
pravés; & en béniffant l'Etre fuprême,
vous y reconnaîtrez l'efprit de fes Pro-
phêtes. Je le fuivis donc de nouveau
dans de nouvelles régions, fituées entre
le Midi & l'Occident; mais de beaucoup
inférieures à celles que j'avais déja par-
courues. Là s'offrirent à ma vuë des lacs

dégoûtans d'eau croupie, des étangs fans nombre fétides & fangeux, fur la furface defquels j'apperçus des monftres amphibies, dont les regards hideux renouvellerent une feconde fois ma terreur. Raffurez - vous, ô mon fils, je fuis encore avec vous, me dit l'Ange, tout ce que vous voyez maintenant eft la repréfentation des paflions des hommes. Elles furent enveloppées autrefois dans leur cœur, aujourd'hui les hommes qui habitent ce féjour font enveloppés dans elles. Plus loin vous verrez jufqu'où l'erreur, l'égarement & la folie ont dénaturé votre image. J'avançai encore, & je vis de ces nouveaux infenfés qui portaient la tête au - deffous de la poitrine & les reins au-deffous de leurs pieds; on les eût pris pour ces farceurs miférables, dont l'opulente oifiveté paye quelquefois mefquinement leur fouplefle en les accablant de fes mépris ; parce que l'orgueil en détournant la comparaifon de leur être, éloigne toute idée de reffemblance. Nous arrivâmes à une de leurs villes, qui n'avait pas moins de défectuofités. Les places étaient étroites ; les rues mal-allignées ; des carrefours obfcurs & ferrés renfermaient les édifices les plus vaftes, les maifons étaient alternativement hautes & baffes, les portes généralement écrafées & placées dans les angles contre tous principes de goût, autant que contre la fûreté des édifices.

La curiofité nous fit entrer dans une de ces demeures fingulieres , où j'interrogeai librement celui auquel elle appartenait. Pour être heureux, lui dis-je, fans doute vous ne vivez pas feul ici, vous avez fûrement la compagne de vos loifirs, & vous avez trouvé dans une époufe, qui vous aime, l'objet chéri de votre cœur ! Vous croyez, me dit-il, que le bonheur dépende de l'amour d'une femme ? & vous penfez que la folie d'aimer confacre nos jours à un feul objet, qu'efclave d'une chaîne tout au plus refpectable par l'ufage, & formée par des convenances, conftamment attachés à en referrer les nœuds, nous ayons perdu le droit de rallumer le feu de nos défirs à d'autres flambeaux que ceux que l'hymen a fait brûler pour nous ? défabufez-vous, il ne peut y avoir dans chacune de nos demeures, felon notre loi, qu'une couche nuptiale, mais nous trouvons par-tout à notre gré la couche de la volupté & du plaifir. C'eft ainfi que nous favons accorder la pluralité des femmes avec le précepte, qui ne nous permet pas d'en avoir plus d'une avec le titre d'époufe ; c'eft ainfi que l'efprit nous fournit des reffources con-

tre la lettre qui tuerait les agrémens &
détruirait notre bonheur. J'allais répondre, & m'efforcer de vanger peut-
être la vérité , lorsqu'un nouveau venu
vint nous forcer de comparaître dans
une affemblée, qui fe croyait en droit
de difcuter les motifs de notre arrivée.
Comme ils femblaient fe difpofer à la
violence , nous nous rendimes , & nous
convinmes que nous étions venus dans
la feule intention de juger par nos yeux
des douceurs de l'amour conjugal , que
nous avions toujours regardé comme le
premier de tous les biens. Un nouveau
murmure nous impofa filence , & quelques-uns d'entr'eux nous tirant à l'écart,
nous avertirent du rifque que nous euffions couru, fi nous euffions continué de
prêcher notre doctrine à des gens qui
n'y croiaient pas.

Quelle eſt donc, nous dirent-ils, votre vanité, ou plûtôt votre folie, d'attacher tant de prix, tant d'importance à des nœuds qui ne font qu'un eſclavage ; dont la monotonie toujours rebutante nous conduit bientôt à la langueur & à l'inſipidité ? Ames impures, m'écriais-je avec horreur ! demeurez dans votre luxure & que vos cœurs y pourriſſent ! La fureur les faiſit, & je craignais d'en devenir la victime, lorſque je vis fortir de terre des monſtres fous toutes les formes, qui furent envoyés pour les diſperſer, & qui ſe perdirent fur leurs traces à travers des étangs de fouffre & de bitume dans les abîmes de l'Occident.

§. 4.

De la véritable source de l'Amour conjugal.

Les rapports de perfection qui se trouvent entre l'amour conjugal , & le bien & la vérité , prouvent son origine & son principe. --- Dans l'ordre de la création jusqu'à cette correspondance de l'un avec l'autre établit leurs rapports , & comme il ne peut exister une vérité sans un bien , ni un bien sans une vérité , on doit en conclurre que c'est l'union de tous les êtres qui constitue leurs perfections , & par conséquent leur bonheur. Adorons le mistere du grand Auteur de la nature , qui, en formant les sexes , & diversifiant par-là les êtres , a voulu les ramener à l'unité , en fixant dans ce centre commun tous les trésors de ses bienfaits. L'amour du sexe eſt donc dans le cœur de l'homme, comme un germe précieux dans la matiere qui le renferme, juſqu'à ce que fécondé par l'amour conjugal, il prépare cette union, qui doit faire un jour notre félicité. L'eſſence de la Divinité n'eſt que ſageſſe & qu'amour. Ces deux grands principes ſe trouvent dans tous les ouvrages de ſes mains, depuis les Anges juſqu'aux vermiſſeaux. C'eſt par une conſtante émanation, une combinaiſon & l'union de ces principes, que nous naiſſons avec le déſir de nous unir ; que nous vivons pour nous unir, & que, par une ſuite du privilege de notre condition humaine, qui ne ſouffre pas d'anéantiſſement, nous déſirons même au-delà du tombeau, de nous rejoindre encore à l'objet qui nous fut uni.

Pour rendre ces vérités plus ſenſibles, je rapporterai ce que j'ai vû. —

Un matin que l'aurore diffipait à peine les ombres d'une nuit tranquille, je vis defcendre des nues quatre Anges, envoyés pour s'entretenir avec les Sages du monde, de la fource de l'amour conjugal, de fes charmes & de fa puiffance. Je n'étais pas encore remis de ma furprife, que je vis toutes les nations de l'Europe affemblées autour d'un autel, fur lequel était une palme, & une efpece de couronne triomphale, enrichie des pierres les plus précieufes, qui devait être le prix & la récompenfe de celui qui approcherait le plus de la vérité. Les uns croiaient la rencontrer dans la néceffité de conferver le bon ordre, ou de veiller à l'éducation des enfans; d'autres l'attribuaient à l'entendement de celui qui, prévoyant le premier fa décrépitude, s'était ménagé dans les foins d'une compagne chérie, un foula-

lagement dans fa vieilleffe ; d'autres enfin foutenaient que les fuites funeftes de
la débauche avaient appris aux hommes
à s'en garantir , en s'affociant par des
liens indiffolubles , un objet capable de
fixer l'inconftance de leur cœur ; d'autres encore répétaient à peu près la même chofe, & perfonne n'approchait de la
vérité ; lorfqu'un Africain, qu'on n'avait
pas vû , s'avança & leur dit : O vous
Chrétiens, vous, qui vous enorgueilliffez
de vos lumieres , vous qui nous repro-
chez chaque jour l'infamie de nos mœurs,
& qui dédaignez de nous regarder comme vos femblables , parce que nous met-
tons notre gloire à ne pas vous reffem-
bler , comment, ne fe trouve-t-il perfonne parmi vous , qui puiffe réfoudre
le problême propofé ? c'eft donc dans
la fimplicité de mon efprit & dans l'i-
gnorance de mon cœur que je vais cher

H

cher ma réponfe, & fi l'on me permet de parler & que j'aye dit vrai, en voyant que vos connaiffances ne font que des chimeres, vos lumieres des apparences, votre fageffe une folie; apprenez donc à renoncer à la vanité de vos idées.

L'amour conjugal, ajouta-t-il, eft la perfection du défir inné dans le cœur de tous les êtres qui refpirent, & fa premiere fource eft dans l'intention du Créateur, qui mit dans notre ame ce germe furnaturel, qui fe développe en nous avec le tems: N'en cherchez donc pas la fource dans vos raifonnemens, & dans vos fens, mais dans la portion la plus fubtile de l'efprit, qui vous anime, & qui eft en vous comme dans les Anges mêmes, l'émanation pure de l'auteur de votre fubftance & le foufle de la Divinité. Une voix du Ciel alors fe fit entendre, & la palme fut adjugée à

l'Africain, qui, fans autre connaiffance, fans autre lumiere que les réflexions
de fon propre entendement, avait répandu le plus de vérité fur la grandeur
de ce miftere.

C'était ainfi que dans le monde des
intelligences, l'efprit s'exerçait à la fageffe, lorfque la Providence, qui, fans
doute, me réfervait à l'inftruction de
mes freres, permit encore de nouvelles controverfes & d'autres débats. Une
autre fois je vis développer le miftere de
la reffemblance de l'homme avec Dieu,
en apprenant de la même maniere, que,
s'il eft écrit qu'il nous forma à fon image, c'eft parce que nous renfermons
dans nous - mêmes une partie des deux
principes de fon effence ; c'eft-à-dire,
l'aptitude de notre entendement à la fageffe & notre difpofition à l'amour.
Ceci doit confondre, d'un feul mot,

toutes les fpéculations & tous les raifonnemens de ceux , qui , dans l'examen
de nos avantages fur les êtres vivans,
n'ont pas encore fû comprendre que le
Ciel avait plus fait pour nous, en nous
donnant les lumieres de l'entendement
pour régler & graduer par nous-mêmes
le développement de nos idées , qu'il
n'a fait pour les animaux , qui femblent
naître avec des idées prefque déja for-
mées ; puifqu'il eft inconteftable que
tout en eux jufqu'aux befoins, jufqu'au
plaifir fe règle , fans qu'ils s'en occupent, fur la gradation & l'accroiffement
de la nature.   J'entendis difputer encore de l'arbre de vie que nous portons
tous également dans notre cœur , & qui
fruétifie, foit en bien, foit en mal, felon que la vanité contrarie ou difpute à
la fageffe , ou que la fageffe l'emporte
fur notre orgueil , & qu'elle entretient

en nous le feu de notre amour, pour
s'augmenter elle-même, fe perpétuer &
fe reproduire dans ce principe. C'eft
une grande vérité, que l'innocence ré-
gnerait encore fur la terre fi la corruption ne fe fût pas étendue jufqu'à lui,
fi l'homme n'eût pas confondu par orgueil ces affections primordiales que
Dieu foufla dans fon cœur, avec ces défirs libertins, ces panchans coupables &
criminels, ces inclinations impures &
adulteres, qui lui font chaque jour oublier les voies de l'amour chafte, pour
fuivre, dans leur égarement, celles de
l'amour qui ne l'eft pas.

Ces entretiens étant finis, je pen-
fais à retourner fur la terre, lorfqu'un
Ange, en m'abordant, me propofa de
le fuivre encore dans un autre lieu, où
l'on donnait les premieres leçons de la
fageffe à ceux qui, après avoir quitté

la vie, avaient été trouvés dignes d'y participer. Après avoir marché quelque tems, nous découvrimes plusieurs collines séparées entr'elles par des plaines fertiles, dont la variété multipliée à l'infini, formait le coup d'œil le plus agréable, & le tableau le plus charmant. Sur chacune de ces collines étaient des villes, qui dans la simplicité de leur construction ajoutaient encore, par leur diversité, des nouveaux charmes à cette image. Mon empressement m'ayant conduit vers la premiere, qui se présentait devant nous, mon Ange m'apprit qu'elle était la demeure des anciens Sages de la Grèce, qui, ayant conservé le même goût de s'instruire, perfectionnaient alors leurs connaissances dans leurs méditations. Il m'en nomma plusieurs, tels que Pythagore, Socrate, Aristippe & Xénophon. Pour ne pas in-

terrompre leurs loifirs, & ne pas les dis-
traire de leur application, chaque enceinte ne renfermait que les difciples du
maître. J'en fus encore plus convaincu,
lorfqu'ayant demandé à voir Ariftote
& Platon, l'Ange me répondit qu'ils
étaient fous un autre Ciel; parce que tel
qui s'était appliqué à l'étude de l'homme moral, ne pouvait fe rencontrer
avec celui qui n'avait pas fuivi la même
marche dans fes veilles, fes opinions &
fes idées.

Un concours prodigieux nous ayant
fait détourner nos regards fur un lieu
où l'on paraiffait s'affembler en foule,
nous nous y tranfportâmes, & nous y
reconnumes le Licée, qui fut jadis la
premiere école de la raifon, & le premier berceau de la Philofophie. Deux
nouveaux venus débarraffés des dépouil-
les du bas monde, y arrivaient. Cha-

cun s'empreſſait à ſatisfaire ſa curioſité, en les interrogeant ſur ce qui ſe paſſait de nouveau ſur la terre. Ce que vous n'y avez peut-être jamais vû, répondirent-ils. On a trouvé dans des forêts, des hommes, qui reſſemblaient aux animaux, & des animaux qui reſſemblaient aux hommes. Et quelles raiſons, dirent les Sages, vos Philoſophes ont-ils donc donné de la ſingularité de ce prodige ? Les uns, reprirent les nouveaux venus, ont prétendu que l'ignorance appartenant à la première nature de l'homme, il n'y avait rien d'étonnant de trouver un homme ſans inſtruction au - deſſous des animaux, & de beaucoup inférieur au - moindre d'entre eux ; d'autant plus que les animaux donnent dès preuves de leur intelligence, avant que l'homme annonce même la faculté de la ſienne. D'autres ſoutinrent que ſi l'homme ſe

distinguait quelquefois dans les actes,
il n'en ressemblait pas moins aux animaux, quant à la puissance d'agir; que
participant également à une intelligence commune, répandue dans l'univers,
c'étaient les circonstances, les situations
qui variaient seules les différens dégrés
de perfection; qu'aux organes près, que
la nature a refusés aux brutes pour s'ex-
primer, le faon qui serait né dans un
palais, ne ressemblerait en rien au faon
qui serait né dans les broussailles; &
qu'il en était de même de l'homme, qui
dépendant également des objets, qui
l'environnent, perdait ou conservait la
brutalité constitutive de son être qui lui
était commune avec tous les animaux
ainsi que sa mort & sa destruction, malgré la fausse idée que l'orgueil pouvait
lui donner d'une nouvelle existence dans
la spiritualité de son ame; qu'enfin la

Religion comme les loix, n'étaient que des fecrets politiques, dont le plus fort s'était fervi pour enchaîner le plus faible ; & que peut-être, s'il nous était permis de defcendre dans ces petites républiques des infectes que nous méprifons, nous y trouverions plus d'ordre, plus de fageffe que parmi nous.

Oh que la folie des hommes s'eft augmentée depuis nous, s'écrierent les Sages ; & à les juger effectivement par leur ▮▮pidité & leur démence, que la différence entre eux & les animaux eft aujourd'hui devenue infenfible ! c'eft par ce qu'ils ont corrompu les fruits de l'amour pur, que l'efprit a perdu fa fageffe ; & que, dans leur fein, la raifon a fait place au délire. Le poifon s'eft accru d'âge en âge : maintenant la nuit du menfonge eft devenue le premier aftre de leur cœur ; leurs yeux capables à peine de soutenir les faibles rayons de l'Occident, ne peuvent plus supporter les feux brûlans du Midi; &, dans la profondeur de l'abîme; où ils sont tombés, dans l'épaisseur des ténèbres qui les environnent, est-il étonnant, si le jour de la vérité ne peut plus parvenir jusqu'à eux ? Que ne nous est-il possible, reprirent les nouveaux venus, de retourner sur la terre, pour y éclairer nos freres ! nous redresserions leurs pas ; nous les ferions rentrer dans les voyes de l'amour ; & sans doute ils y retrouveraient leur innocence.

Je reprenais le chemin de notre globe, lorsqu'arrêté par des chants, dont les accords allaient jusqu'à mon ame, je retournai sur mes pas pour entendre de plus près ces sons enchanteurs, objets de mon ravissement & de mon extase. Je conjecturai bientôt que cette harmonie pouvait venir de ce Ciel fortuné, où j'avais déja vû plus d'une fois, de tendres époux chanter enfemble dans l'yvreffe de leurs plaifirs & leur bonheur & leur amour. Je me tranfportai promptement dans cet heureux féjour, dont la furface mouillée d'une pluie d'or qui tombait comme la rofée du matin, exhalait les parfums des fleurs du printems. N'ofant plus marcher feul, je cherchais quelqu'un pour diriger mes pas mal-affurés dans ces routes étrangeres, lorfque je retrouvai mon Ange. O mon fils, me dit-il, vous avez déja appris à connaître tout le prix de l'amour conjugal ; venez apprendre à en connaître les douceurs. Cette pluie d'or arrofe une enceinte facrée, au milieu de laquelle eft la demeure de trois couples unis, qui vivent dans le Paradis du bonheur ; parce qu'ils ont trouvé la perfection de leur amour. Nous avançâmes ;

je vis trois temples entourés de colonnes de bois de cèdre, dont l'architecture
simple, mais majestueuse, paraissait avoir
dédaigné l'art pour son embellissement;
un de ces heureux époux n'ayant pas tar-
dé à paraître, mon Ange lui [demanda,
pour moi, la liberté d'entretenir sa compagne; parce que, ajouta-t-il, celui qui
a permis qu'il franchisse les barrieres du
Ciel, a déja purifié son cœur. Il disparut
un moment, & revint à nous, accompagné de ses cohabitans & de leurs chastes
moitiés. Ils se retirerent un peu à l'écart,
comme pour me laisser contempler à
loisir leurs attraits. Mes yeux rencontrant toujours les leurs, je ne pus m'empêcher de leur demander l'intention qu'elles pouvaient avoir en me fixant; nous
cherchons, répondirent-elles, à pénétrer dans votre ame; & comme nous
avons trouvé la chasteté de notre amour

dans la modeſtie de vos regards, nous ne craignons plus de reſter devant vous. O femmes heureuſes, leur dis-je, révélez-moi donc le ſecret de votre bonheur. Auſſitôt une d'entr'elles me dit : Ecoutez, ſoyez prudent, & gardez-vous de le répandre : Le Ciel nous donna la ſageſſe; il la plaça dans nos cœurs, pour rechercher l'amour dans le cœur de nos époux; elle régla les déſirs qui l'entretiennent, la confiance qui l'augmente, le zèle qui le fortifie; d'elle enfin nâquirent tous ces mouvemens, toutes ces affections, tous ces tendres épanchemens, qui déterminerent nos goûts, nos inclinations & nos panchans; elle paraiſſait déja ſe reprocher de s'être trop engagée, en m'apprenant davantage; lorſqu'appercevant une colombe, qui planait ſur ſa tête, elle ſe raſſura, & continua dans ces termes: Votre ſexe a cinq ſens comme le nôtre;

mais nous en avons un sixieme qu'il n'a pas. Celui-ci est la source pure de tous les trésors, de tous les biens; c'est lui qui porte le feu dans le sein de nos époux, par l'ardeur de nos regards & la flamme de nos baisers. C'est de lui que découlent ces torrens délicieux, dont nous enyvrons leurs cœurs dans des abîmes de voluptés & de plaisir; c'est de lui . . . . la colombe disparut, & celle qui m'instruisait, cessa de parler. C'est maintenant le moment du silence, reprirent les époux; vous connaissez aujourd'hui une partie des secrets de l'amour conjugal; mettez à profit cette leçon : & nous nous séparâmes. ---

§. 5.

De l'union des ames jusques dans leur changement d'état.

S'il n'est pas douteux que la premiere intention du Créateur fut en nous formant, de nous donner l'inclination de nous unir, il est également certain que cette union doit s'étendre jusqu'à nos ames ; d'où l'on peut dire avec vérité, que ce panchant à se désirer, à se rechercher, existe essentiellement dans la volonté de la femme, comme il réside dans l'entendement de l'homme. Cette inclination de volonté est constante dans l'une & quelquefois variable dans l'autre ; parce que l'homme, né pour s'occuper de tant de choses, rencontre plus souvent dans son cœur d'autres panchans, qui le distraient du premier, ou le lui font oublier. Il n'en occupe pas moins la plus noble partie de

nous-

nous - mêmes ; & telle est la force de son principe, qu'en survivant à nos organes, il s'augmente, & se reproduit sans cesse jusques dans l'étendue des tems de notre spiritualité. ---

Quoique ces panchans, ces inclinations soient les mêmes dans les deux sexes, ils varient cependant quant à la forme ; aussi voit - on la passion de l'homme se montrer jusques dans la violence de ses transports, ou l'insolence de sa témérité, comme on voit celle d'une femme se cacher timidement sous le voile de sa pudeur, & repousser avec délicatesse & retenue, les caresses qu'elle a désirées. C'est par ces amorces artificieuses & permises, que l'épouse enflamme & captive son époux: c'est par ces prestiges ingénieux, qu'en se fortifiant de sa force, elle l'affaiblit de sa propre faiblesse ; & que fixant enfin l'amour dans son sein, ils parviennent l'un & l'autre à cet état d'union, de tranquillité, de concorde, & de paix, qui commence leur bonheur fur la terre, & qui fait encore leur félicité, quand ils n'y font plus.

La nature des êtres n'a pas moins concouru à l'extenfion de ce principe, en communiquant à leur matiere un fluide, dont les exundations entretiennent & abreuvent fans ceffe la fympathie des deux fexes, quand ils fe conviennent; comme le retour de ce fluide fur eux-mêmes, par une réaction contrainte fur fa propre fource, produit les haines, les répugnances & les antipathies. C'eft peut-être dans les différens dégrés de ces émanations, que nous devons chercher la rai-fon de ces éloignemens indélibérés, ou de ces préférences involontaires, qui nous portent à chérir tels ou tels objets fans les connaître; comme à les haïr, à les détef-

ter sans les avoir connus. Par une rétro-
gradation facile de la respiration aux poumons, des poumons à notre cœur, & de
notre cœur à notre sang, on parviendrait
peut-être à se rendre sensible l'effet
merveilleux de l'émission de ce fluide,
qui porte, rapporte & communique par
un mouvement continuel, par une action
toujours la même, les particules divisées
de notre essence, comme nous recevons
également celles d'autrui.

Telles étaient les vérités, que je méditais, lorsque la mort ayant enlevé dans
un même jour, un Prêtre, un Philoso-
phe & un Politique, je formai le dessein de voir encore de mes yeux l'accueil
qu'on leur avait fait dans le monde des
esprits. Au moment de mon arrivée, on
leur demandait ce qu'il y avait de nouveau sur la terre ? Des choses, répondirent-ils, si singulieres, si extraordi-

naires, que l'esprit des hommes ne peut ni les concevoir, ni les comprendre, ni les croire. Un Sage a élevé sa voix parmi eux, & leur a dit : Qu'il tenait sa sagesse d'en-haut, qu'il communiquait avec les Anges, qu'il avoit parcouru tous les domiciles des intelligences, & toutes les différentes spheres des esprits ; que chacun, quoiqu'à la vérité dans un état infiniment plus parfait, y retrouvait sa premiere existence. Que nous y conservions jusqu'à nos besoins, pour le seul plaisir de nous satisfaire, & que jusqu'à la nature elle-même y régénérait ses beautés ; qu'on y voyait des lacs, des montagnes, des plaines fertiles ; que les beaux arts concouraient également à l'embellissement de leur séjour ; qu'on y trouvait des villes, des monumens & des palais ; que l'or, l'argent & les pierres précieuses y étaient en abondance ; qu'en un mot,

c'était en grand la représentation de notre monde ; ou plûtôt, que le nôtre n'é-
tait qu'une infidele imitation du leur.
Maintenant que vous n'en doutez plus,
leur dit - on, pour mieux déterminer le
dégré de la folie des hommes, dites-nous,
ce qu'ils en ont penfé. Le Prêtre reprit
la parole, & avoua qu'ainfi que tous
ceux de fa claffe, il avait regardé tout
ce merveilleux, comme l'effet naturel
d'une tête échauffée, qui fe perfuade facilement tout ce que fon imagination enfante. Qu'au furplus, la feule idée du jugement dernier, avant lequel, felon l'o-
pinion commune, l'ame devait demeu-
rer fans corps, fuffifait pour les en dif-
fuader ; parce que tel eft l'empire d'une
erreur accréditée, que fouvent l'évidence
même a peine à la déraciner. Le Politique confeffa comme le Théologien, qu'il
n'en avait rien cru, mais que fa défian-

ce avait été établie fur des motifs différens; parce qu'il n'avait regardé tout ce
qu'on débitait de l'autre monde, que
comme des moyens dont les plus adroits
s'étaient fervis pour affervir leurs femblables par la crainte & la crédulité. Il
plaignit l'aveuglement des hommes en reconnaiffant fon erreur. Le Philofophe
prit la parole, & dit : J'ai fouillé dans
toutes les fources de l'antiquité, j'ai étudié, j'ai médité, j'ai recueilli tous les
fyftêmes, & je n'ai jamais rencontré la
vérité; c'eft pourquoi j'ai douté de tout;
je n'ai jamais rien affuré, ni contredit;
j'ai foumis mon amour-propre à ma défiance; j'ai du-moins combattu le fentiment de mon orgueil par l'aveu de mon
infuffifance, & dans l'incertitude du vrai
ou du faux, j'ai préféré de mourir dans
mon acatalepfie.

Eh pourquoi, leur répondit-on, dans

l'étroite sphere de vos cœurs, n'avez-vous
pas interrogé vos propres défirs! L'im-
proportion que vous eussiez trouvé entre leur étendue & l'impossibilité de les
satisfaire dans votre monde, vous eût
facilement prouvé la nécessité du nôtre,
vous eussiez reconnu le principe de l'im-
mensité de ces défirs, dans ce besoin
primordial d'aimer & d'être aimé; la
raison du vuide de votre ame vous eût
fait connaître qu'elle avait la premiere
part à cet amour, & à la voix du Sage
qui vint vous éclairer; au lieu de traiter
ses préceptes de visions, ses révélations,
ses instructions de rêves, d'extravagances
& de chimeres; vous en eussiez cherché,
découvert & senti la vérité. Une colonne
de feu parut subitement à l'Orient; je
dirigeai mes pas vers l'endroit, où je
l'avais vû naître, & j'arrivai dans un lieu
charmant appellé *Adramandon*, ou le

jardin des époux. J'y vis un couple fortuné célébrer, dans l'innocence de leurs
tranſports, la fête de leurs cœurs & l'u-
nion de leurs ames.

D'après tout ce que j'y vis, je de-
meurai convaincu que la vie de l'homme dans l'eſpace même indéfini des tems,
n'était qu'une transmutation continuelle :
que telle que nous la voyons commencer
depuis l'enfance qui ſe perdait dans l'a-
doleſcence , comme l'adoleſcence dans
l'âge de la puberté , celui-ci dans la virilité , comme la virilité dans la vieilleſſe,
elle avait toujours une progreſſion trans-
mutative qui caractériſait une tendance
déterminée à un nouveau dégré de perfection ; qu'ainſi que l'arbre , depuis le
premier inſtant qui a fécondé ſon germe,
n'eſt pas un ſeul moment ſans ſubir un
nouveau changement par une nouvelle
végétation, de même l'homme extérieur

variait dans tous les inſtans de ſa vie, juſqu'au moment de ſa diſſolution ; tandis
que l'homme intérieur continuait ſes pro-
greſſions à l'infini, juſqu'à l'éternité des
tems, pour arriver autant qu'il eſt poſ-
ſible, à l'immenſité des perfections. Car
comme l'amour n'a point de bornes ; la
ſcience, l'intelligence & la ſageſſe n'ont
point de terme. J'appris encore que cette ſucceſſion de mutations n'était pas la
même dans les deux ſexes ; que comme
l'homme recherchait la lumiere, la femme au contraire ne recherchait que la
chaleur, & qu'ainſi l'un & l'autre attiré
vers le même centre, leur coéxiſtence
commençait, lorſqu'après parcouru tous
deux les différens cercles de leurs pro-
greſſions reſpectives, ils arrivaient enfin
à ce centre commun, où les nœuds parfaits de l'amour conjugal fixaient à jamais leur bonheur : parce qu'alors l'hom-

me devenant toujours plus homme, comme l'objet qu'il a défiré toujours plus ardent, toujours plus cher, ils rencontraient tous deux dans ce point d'unité l'accompliffement de tous les défirs & la fource de tous les biens.

A quelque tems de là, je me retrouvai dans le même monde des efprits, où l'on demandait encore à des êtres nouvellement délivrés des miferes humaines, ce qui les étonnait le plus dans ce nouveau féjour? C'eft, répondirent-ils, de ne pas y rencontrer ce repos éternel, qu'on nous y fouhaite; c'eft d'y retrouver encore de nouvelles études à faire, de nouvelles connaiffances à acquérir, de nouveaux devoirs à remplir; c'eft enfin de retrouver dans un état fi différent du nôtre, la même néceffité de travailler à notre bonheur.

Que ferait-il donc, leur répondit un

des Sages qui préfidait, fi ce bonheur confiftait dans un éternel repos & dans l'in-
fipide loifir d'une ftérile oifiveté ! quelle inconféquence dans l'efprit de l'homme, & quel eft donc celui d'entre eux
qui voudrait s'affujettir à cette indolen-
ce perpétuelle ? Quel eft l'homme, qui
pafferait ftupidement fa vie fans agitation, fans mouvement & fans occupations? Quel eft l'homme enfin qui ne
fait pas que l'ennui verfe le dégoût fur
les jours les plus fereins, & que l'ennui
naît du défœuvrement & de l'oifiveté ?
Voilà donc le tableau que vous vous
étiez formé de notre Ciel ! & voilà donc
l'affreufe idée que vous fubftituez à celle
que vous euffiez pû vous former de vous-
mêmes, en difcutant, en comparant,
& en fuivant les conféquences de vos
propres raifonnemens. Reconnaiffez
donc maintenant qu'il n'eft point de re-

pos pour l'esprit ; parce que l'esprit par sa nature ne fut pas formé pour le repos. Il porte en lui un caractere d'agitation & de mouvement, dont il ne peut se dépouiller : voilà pourquoi vous retrouvez dans ce nouveau monde, les mêmes exercices &, à plus de perfections près, les mêmes occupations que dans le vôtre. Vos Sages sur la terre cherchent la vérité sans la trouver, parce que partout ils rencontrent l'erreur sous leurs pas ; parce que partout la corruption a laissé le mensonge sur ses traces ; & nous, quoique nous ne parvenions pas à la connaître sans peine, son feu subtil nous attire par dégrés à son foyer, selon le désir que nous avons d'y parvenir, & selon que nous brûlons pour elle : c'est encore par cette raison que vous distinguerez parmi nous des esprits qui vous sembleront avoir la simplicité des enfans, comme vous en trouverez qui ont, en comparaison éloignée, la sagesse & l'expérience des vieillards, ce qui a de même établi parmi nous la différence de celui qui commande, avec celui qui obéit, comme celle de celui qui enseigne, avec celui qui écoute. — Mais pour ne vous laisser rien à désirer, venez, & suivez-moi dans une de nos cités, où vous pourrez vous convaincre de tout ce que vous venez d'entendre. Il me fut permis de les accompagner, & je remarquai encore leur étonnement lorsque le Sage, qui les conduisait, les eut fait entrer dans une bibliothèque immense, dont chaque division séparée, annonçait, par des étiquettes ornées des différens attributs des sciences & des beaux arts, les différens ouvrages qui s'y trouvaient renfermés.

L'admiration des nouveaux venus

ne les empêcha pas encore à cette fois
de laisser éclater leur surprise. Hélas !
s'écrierent - ils d'un commun accord ,
notre nouvelle vie est - elle donc encore
un nouveau songe ! & comment votre
monde, que nous avions toujours conçu
sans aucune forte de matiere , a - t - il
donc pû fournir à celle qui servit à com-
poser tout ce que nous voyons !

Je conçois encore, reprit le Sage ,
que dans l'idée que vous vous êtes formée de ce monde spirituel, vous n'avez
pû le considérer que comme un espace
indéfini, qui ne pouvait contenir que le
vuide & par conséquent le néant de tous
les corps possibles : mais si vous eussiez
analysé la possibilité de tous les êtres,
vous eussiez distingué entre les corps ma-
tériels, tels que font vos individus sur la
terre, & les corps substantiels, tels que
vous êtes devenus depuis que vous ha-

bitez parmi nous. Les uns font formés des élémens de votre globe & les autres de la matiere fubtile de notre fphere. Voilà ce qui fait entre les hommes & nous la différence de nos conftitutions. Il en eft de même ici de tout ce qui vous étonne : c'eft à vous maintenant à profiter de ce que vous favez. C'eft à vous à vous choifir la route pour arriver au bien ; mais fouvenez-vous qu'il n'en eft qu'une pour arriver au fouverain bonheur; c'eft de vous appliquer à le chercher dans les nœuds d'un amour, qui en brûlant votre cœur, puiffe embrafer fon foyer. Des vierges alors entourerent les nouveaux venus; elles chanterent des hymnes à la gloire de l'Eternel, & elles les forcerent d'accompagner leurs chants, & de fe mettre à l'uniffon de leurs accords. ----

Toujours également tourmenté du désir d'approfondir & de connaître les secrets de cet amour, je formai le dessein de retourner encore dans cette enceinte sacrée, où mon Ange m'avait dit que la pluie d'or, que j'avais vû tomber, était la rosée ordinaire des époux fortunés, qui vivaient sous son Ciel. J'y arrivai; j'y fus reconnu, & j'y reçus le même accueil. Encouragé par des dispositions si favorables, mon premier soin fut de m'informer de la colombe, dont la présence ouvrait la bouche, comme la retraite la faisait fermer. Celle, qui la premiere fois avait craint d'en trop dire, me répondit, en souriant, que le jour même elle avait encore plané sur sa tête; & qu'à son retour elle avait présagé le mien. En ce cas, vous m'apprendrez, lui dis-je, le reste des secrets de l'amour conjugal; non, reprit-elle, car

ils

ils font au-deſſus de votre ſageſſe; vous vous glorifiez ſur nous de vos avantages, & nous nous glorifions ſur vous des nô-tres. Alors la colombe ſurvint; elle l'ap-perçut; je treſſaillis d'aiſe, & elle conti-nua : Le Ciel a mis dans nos cœurs la tendreſſe pour vous adoucir, & la ſou-miſſion pour vous plaire. . . . La colom-be battit des aîles, fit entendre un gé-miſſement, & prit ſon vol; elle ſe tut un moment; puis s'adreſſant à ſes compa-gnes : Nous ſommes aimées, eh qu'im-porte, après tout, ſi nous donnons à d'autres les ſecrets de ſe faire aimer ?

§. 6.

Des univerſaux de l'amour con-jugal.

Si l'on voulait approfondir & diſcuter l'amour conjugal dans toute ſon éten-due; ſi l'on voulait s'arrêter à le confidérer fous tous fes différens rapports, fous toutes fes formes, il ne faudrait plus penfer à borner cet Ouvrage; parce que malgré tout ce qu'on pourrait en dire, on n'aurait jamais tout dit. Je ne prétens donc m'arrêter ici qu'à des principes généraux, dont l'étude & l'application de ceux qui liront cet Ouvrage, trouveront facilement les conféquences.

Il faut donc favoir que chaque forte d'amour a fon fens particulier, comme chacun de nos fens a un genre d'amour qui lui eft propre. La vûe eft le fens de l'amour de voir pour le plaifir d'admirer, & la jouïffance de cet amour eft l'ordre, la fymmétrie & la beauté. L'ouïe eft le fens de l'amour d'entendre pour le plaifir de profiter; fa jouïffance eft dans la mélodie des accords & les charmes de l'harmonie. L'odorat eft le fens de l'amour qui cherche dans l'élément de l'air les rapports qui peuvent le fatisfaire, & fa jouïffance eft l'exhalaifon des odeurs & la douceur des parfums. Le goût eft le fens de l'amour qui veille à l'entretien de notre exiftence, en accordant les moyens qui la flattent avec ceux qui la confervent ; & la jouïffance de cet amour eft dans les feftins, dans la délicateffe des mets & dans le choix des alimens. Le taɑ eft le fens de l'amour qui cherche à diftinguer dans les différens objets leurs contrariétés ou leurs rapports, pour les rejetter ou pour s'y plaire, & fa jouïffance infiniment fupérieure à toutes les autres, exifte dans ces fenfations délicieufes, dans ces titillations qui produifent & reproduifent dans toutes les parties de notre individu un fentiment agréable, qui filtré à travers ce tiffu fubtil d'houpes nerveufes, dont le Créateur enveloppa les extrémités de nos organes,

devenu plus subtil, pénetre jusqu'à notre ame; qui elle-même par sa maniere
violente de sentir, en reprenant son empire, soumet le reste de nos sens, détermine en ce moment, les convulsions
de la nature, & l'épilepsie du plaisir. ---
Tel est le sens de l'amour conjugal, dont
je laisse aux amans à étendre le tableau,
& à embellir l'image; telle est encore la
corréspondance de nos inclinations & de
nos goûts avec les sens qui leur sont propres ; telle est enfin la seule étoile, qui
puisse nous conduire à la vérité, comme
à la connaissance de nous-mêmes, en
nous faisant remonter jusqu'à la premiere source de nos passions. ---

L'amour conjugal est tellement le
souverain bien, que nous sommes forcés de reconnaître sa supériorité jusques
dans les vœux que nous formons pour
sa durée. Quel est l'état sur la terre,

dont la jouïssance ne diminue pas le bonheur? Les Rois eux-mêmes ont-ils connu les douceurs de la royauté? esclaves dès le berceau de ces usages orgueilleux, dont la vanité bâtit les échafauts de leur grandeur, contrariés dans leur enfance, & trompés dans tous les âges, enyvrés d'encens, fatigués, rebutés, dégoûtés de la vie, ils emportent dans le tombeau, moins le désir de vivre encore, que le regret d'avoir vécu. Eh que regretteriez-vous, Monarques sans pouvoir, qui souvent respirez en naissant l'haleine du mensonge sur les lèvres de vos courtisans? que regretteriez-vous, esclaves couronnés? un sceptre, souvent pourri dans vos mains corrompues par l'ignorance de vos Ministres & l'insolence de vos Favoris? Que regretteriez-vous enfin, vous-mêmes, Rois sages & bienfaisans, Princes amis de l'humanité,

qui, après avoir percé le nuage des illufions qui vous environnent, pour reconnaître vos obligations & vos devoirs, n'y
trouvez qu'un poids, qui vous affujettit,
qu'un fardeau qui vous écrafe, & qui
malgré les honneurs qu'on vous rend,
vous force à détefter jufqu'à votre gloire,
par le fang qu'elle a fait répandre? Quel
eft donc celui qui content de fon fort,
a défiré d'en voir perpétuer la durée
jufqu'au dernier terme de fa vie? à plus
forte raifon, quel eft celui qui voudrait
le voir prolonger jufqu'à l'immenfité des
tems? Il n'eft donc que l'amour conjugal qui puiffe nous donner l'idée d'un
bonheur inépuifable. Il n'eft donc que
l'amour conjugal, tel qu'il doit être, qui
puiffe nous rendre fupportable l'idée de
l'éternité; parce qu'indéterminé, indéfini comme elle, il n'eft que l'amour
conjugal, qui puiffe fuffire à l'immenfi-

té de nos défirs & au vuide de nos cœurs. ---

Le partage des êtres vivans en deux fexes prouve encore leurs rapports, juf-ques dans l'éloignement des qualités qui leur font propres. L'homme eft agrefte, dur & fauvage dans fes manieres ; & la douceur, l'élégance & le maintien lui plaifent dans les femmes. Les mufcles du premier, plus tendus, fes arteres plus fournis, un teint plus mâle, annoncent en lui une organifation plus complette, plus décidée & plus nerveufe. Cependant où fes yeux s'adreffent-'ils pour chercher & rencontrer la beauté ? Le premier homme en avait-il fenti la différence, lorfque, jettant les yeux à fon réveil fur la compagne que le Ciel lui donnait, il s'écriait, en contemplant fes charmes : Eft-ce donc là le limon dont je fus for-mé ? ô Dieu ! arrête les merveilles de

ta puissance, ou reprens ton chef - d'œuvre, si tu ne veux pas qu'il partage ton
culte. ---

Qu'on observe, qu'on suive & qu'on
étudie les inclinations des deux sexes jusques dans les jeux innocens de leur enfance : on y reconnaîtra toujours la vi-
vacité, la pétulance & la force de l'un,
subjuguée, commandée & dominée par
la candeur, la faiblesse, & l'impuissance
de l'autre, quoiqu'il n'y ait encore dans
leur cœur qu'un principe commencé.
L'enfant de sept ans querellera, dispute-
ra & nuira même, s'il en a le pouvoir, à
ses semblables, tandis qu'il cédera à une
fille du même âge, qui aurait encore
moins le pouvoir de lui résister ; comme si la concordance établie pour faire
le bonheur des deux sexes, était la premiere leçon de son instinct. Il n'est pas
douteux que les plaisirs de l'amour con-

jugal, entant que sentimens intérieurs, ne tiennent autant à la spiritualité, que notre entendement, nos volontés & nos idées. Et comme il est également évident que notre ame en partage l'yvresse dans l'incubation, nous ne pouvons ni nous ne devons la regarder comme neutre & passive dans la cause de notre reproduction ; puisque de sa seule intervention communiquée, s'engendre une substance, en tout ou en partie semblable à elle, qui porte la spiritualité, le mouvement, la chaleur & la vie dans le fruit de l'amour.

Enfin telle fut la volonté du Créateur, qu'en plaçant le bonheur parfait dans les nœuds de l'amour conjugal, il plaça lui-même dans le fond de nos cœurs, ces désirs, ces inclinations & ces panchans, qui en nous prouvant sans cesse le besoin d'aimer, nous prouvent également la nécessité de nous unir, soit sur la terre quand il permet que nous puissions y rencontrer l'objet qui nous attend; soit dans les différentes sphe- res qui nous restent à parcourir, quand nous n'avons pas été assez heureux pour le rencontrer sur la terre.

Un jour que j'étais occupé à médi- ter sur ce qui m'avait été révélé, je me trouvai interrompu par un bruit souter- rain, dont je voulus pénétrer la cause. Je sortis, & portant mes premiers re- gards vers le Ciel, je cherchais à y dé- couvrir, si ce bruit, que je venais d'en- tendre, n'était pas pour moi un nou- vel avertissement. Des voix qui sem- blaient sortir des entrailles de la terre, me firent avancer sur le bord d'un abî- me, dont je ne pouvais mesurer la pro- fondeur. Entraîné par ma curiosité, je descendis quelque tems, & j'entendis

distinctement plusieurs voix qui criaient:
ô que nous sommes justes ! ô que nous
sommes savans ! ô que nous sommes
sages ! L'envie de voir ces Coriphées
de la justice, de l'érudition & de la sagesse me fit encore avancer jusqu'à eux.
Qu'y vis-je ? des arbres dépouillés, des
antres, des cavernes, des repaires, tels
que ceux où les monstres sauvages se
retirent dans les païs inhabités.   Qu'y
entendis-je encore ? des arrêts injustes,
toutes les erreurs de l'ignorance, & celles de la superstition ; enfin toutes les
extravagances, tous les délires, toutes
les prophanations. --- Pour achever de
me convaincre de leur folie, en m'a-
dressant à un de ceux qui avaient exalté leur savoir, ne pourrais-je pas, lui
dis-je, raisonner, m'entretenir & m'instruire avec vous ? Volontiers, répondit-il, il n'est rien qui puisse passer les

bornes de notre connaiſſance & l'étendue de nos lumieres. En ce cas-là,
repris-je, apprenez-moi ſi l'on peut parvenir à ſe rendre heureux par le culte
de la Divinité ? Il faut commencer,
rapartit-il, par diviſer & ſousdiviſer la
queſtion ; —— Il faut ſavoir premiere-
ment, s'il exiſte un culte ; enſuite prouver l'exiſtence du bonheur ; troiſieme-
ment, ſi en reconnaiſſant un culte, on
doit l'admettre excluſivement à tout autre ; quatriemement, ſi pour l'exiſtence
du bonheur, il y a un lieu de peine &
de plaiſir ; cinquiemement, ſi pour que
ce bonheur ſoit à jamais perpétué, nous
pouvons nous promettre une éternité de
jouïſſances. —— Il allait encore ajouter
de nouvelles diviſions aux premieres,
lorſque craignant moi-même de me perdre dans la confuſion de ſes raiſonne-
mens, je le priai de les abréger en raſ-

femblant, en rapprochant fes idées, pour que je ne m'en retourne pas fans avoir rien appris. Et quel tems, me demanda-t-il, voulez-vous donc refter avec nous ? Et quel tems, lui répondis-je, vous faut-il à vous-même pour la folution de ma demande ? En nous réuniffant tous, reprit-il, pour vous fatisfaire, il nous faut au moins cent ans pour éclaircir vos doutes. O infenfés ! leur repartis-je avec pitié, quelle eft donc votre fcience, finon la folie de de votre orgueil & de votre vanité ? Vous avez méconnu jufqu'à préfent le culte de l'Être fuprême, & il vous faut encore un fiecle pour en difcuter feulement la néceffité ? Si tout ce qui eft ici vous reffemble, je fuis la folie de votre fcience, l'iniquité de vos juftes, & l'abomination de vos Sages. --- Auffitôt la fureur les faifit ; je fuiais, mais toujours avec la crainte d'être la victime de leur rage, lorsque mon Ange apparaissant soudain fit retourner d'un seul regard leurs transports sur eux-mêmes; un nouvel abîme s'ouvrit encore au fond de leur abîme, & mes yeux ne les virent plus.

En rendant graces à l'intelligence, qui m'avait secouru si à-propos, je lui témoignais ma surprise de tout ce que je venais de voir & d'entendre. Elle me dit : ô mon fils ! qu'avez-vous donc vû que vous n'ayez pû voir chaque jour parmi les habitans de votre monde ! Que font parmi vous vos justes, vos savans & vos sages ? la justice, la sagesse & la vérité n'ont qu'une source ; l'erreur & le mensonge en ont mille ; & c'est à celles-là que l'orgueil les conduit. Quels font ceux, qui se dépouilleront aujourd'hui de leurs opinions pour s'attacher à

la doctrine, que nous vous avons appris? Quels font ceux, qui voudront fa-
crifier un feul de leurs préjugés à vos
principes? Quels font ceux, ô mon fils!
quels font ceux qui vous ont crû, quand
vous avez parlé? N'ont-ils pas pris votre fageffe pour de la folie, & les lumieres que vous avez reçues de nous,
pour les délires d'une imagination vaga-
bonde, ou les rêves infenfés de vos
nuits? Euffiez-vous encore le don des
prodiges, vous ne les convaincriez pas,
fi l'Eternel ne difpofait leur cœur à la
vérité; & pour qu'il les difpofe, il a
droit d'exiger d'eux l'envie de la con-
noître. Allez, retournez fur la terre
pour conferver fon germe parmi la race
des hommes; parce qu'il naîtra d'eux
des enfans qui ne reffembleront pas à
leurs peres.

§. 7.

Des caufes contraires à l'amour con-jugal d'où naiffent le réfroidiffe-ment & le divorce.

Le premier feu de l'amour dérive né-ceffairement de fa fpiritualité ; il dimi-minue en proportion de ce qu'il s'éloi-gne de fon foyer. Ce refroidiffement, qui commence par la défunion des ames, a bientôt entraîné celle des cœurs. De-là ces goûts éphémeres & paffagers, qui nous féduifent pour l'inftant ; de-là la honte & le regret, qui fuivent toujours la débauche ; de-là la répugnance & l'a-verfion pour ce qui en fut l'objet. Tel eft le premier caractere de l'amour im-pur, que, mis en oppofition avec l'a-mour conjugal, il prouve, fans qu'il foit befoin d'en difcuter les fuites, qu'il nous conduit fûrement à tous les maux, com-

me

me l'autre nous conduit sûrement à tous les biens.

Il ne faut pas croire cependant, que tous les époux soient prédestinés au même bonheur, & que les chaînes de l'hymen soient toujours celles de la félicité. La condition de l'homme serait réellement heureuse, si dans la nécessité de rechercher la moitié de son essence, le sort lui faisait rencontrer celle à laquelle il doit véritablement s'unir. On ne verrait sur la terre que les époux constans de l'âge d'or. Moins éloignés de la nature, la volupté reparaîtrait sans crainte aux yeux de la pudeur, & les hommes rendus à l'enfance des mœurs, en s'enyvrant des vrais plaisirs, retrouveraient leur innocence. Mais ce n'est plus l'amour pour le bonheur d'aimer, qui forme aujourd'hui les nœuds de l'hymen ; ce n'est plus dans l'intention du Créateur, ni dans la conſtitution primitive de l'ordre établi, qu'on contracte les nœuds : la facilité diſpoſe, la convenance détermine, l'intérêt décide; inſenſiblement la vérité perce le voile de la diſſimulation; la gêne, la contrainte la démaſquent; le dégoût ſurvient, les contrariétés ſuccèdent, les plaintes naiſſent, les regrets s'expliquent, l'averſion paraît, on ſe hait, on ſe déteſte & l'on s'abhorre; parce qu'avant de s'unir on n'a pas interrogé ſon cœur; parce qu'en oubliant ſon ame dans le choix qu'on a fait, on n'a pas étudié ſa rénitence ou ſon panchant.

A quoi peut-on attribuer la dépravation des hommes, ſi ce n'eſt à la corruption du principe de ſon amour ? La premiere couche nuptiale, qui devint adultere, fut celle à laquelle il n'avait pas participé : & le mal toujours naiſ-

fant du mal, croiſſant & s'augmentant
par dégrés, donna naiſſance à tous les
crimes.

Dans l'examen des cauſes contraires
à l'amour conjugal, on diſtingue aiſé-
ment ce qui le conſerve, ou ce qui l'é-
loigne ; ce qui l'entretient, ou ce qui
le détruit : c'eſt donc ſur la conformité
des rapports, ſur ſes impreſſions intérieures, & d'après une étude ſcrupu-
leuſe de l'objet qu'on recherche, qu'on
doit s'en éloigner ou s'y fixer pour être
heureux, à moins que d'être du nombre de ſes ames privilégiées, auxquelles
la Providence, pour manifeſter encore
cet amour, daigne elle-même indiquer
le choix qu'elle a fait pour elles.

Ajoutons encore à ces contraires,
ces cauſes accidentelles, qui, en divi-
ſant également l'amour dans ſon eſſence,
retranchent une partie de ſes plaiſirs.

Eloignons de l'hymen ces organes ufés dans la débauche, flétris dans la luxure, & corrompus dans la proftitution; éloignons en encore ceux qui, plus chargés que les autres du poids des miferes de la vie, n'ont que l'ufage borné de leurs propres facultés, tels que les imbécilles, ou les fous pour lefquels, pour la dignité de l'amour pur, le Ciel n'a pas marqué le tems d'aimer, & de s'unir fur la terre. — Eloignons enfin tout ce qui peut porter la répugnance dans nos organes, l'averfion dans notre cœur, & le refroidiffement dans notre ame; parce que nous ne fommes formés que pour l'amour; parce que dans tous les tems, dans tous les mondes, nous ne fommes heureux que par l'amour; parce qu'enfin les vûes du Créateur ne font, & ne peuvent être remplies que par l'amour.

C'eſt ſur - tout dans notre ſeconde vie que ſes principes ſe développent ; parce que nous les voyons alors plus immédiatement ; parce que nos ſubſtances renouvellées acquierent un commencement de perfection, & qu'alors toute notre application, tous nos actes ont ſans ceſſe rapport à cet amour. Dans le monde des eſprits, j'ai vû entre l'Orient & le Septentrion, des lieux deſtinés & conſacrés à l'inſtruction de tous les âges. D'un côté on diſpoſe les cœurs des enfans qui ſont morts dans le berceau ; d'un autre côté on y purifie celui des jeunes gens, qui ont aſſez vécu ſur la terre pour s'y laiſſer corrompre, & encore plus du côté de l'Orient, on y régénere dans le cœur des vieillards la ſource & la pureté de cet amour. Ce n'eſt qu'après le terme marqué pour cette préparation, que chacun ſe diſ-

perſe & commence réellement ſa nouvelle vie dans ce nouveau ſéjour.

Je me rappellais encore, pour me les
graver davantage, toutes les leçons que
j'avais entendu donner dans ces différentes écoles de ſageſſe ; lorſque mon Ange
vint à moi, & me dit : Maintenant que
vous connaiſſez les cauſes contraires du
véritable amour, venez, ſoyez encore
témoin de la folie de ceux qui s'en éloi-
gnent. Soudain je vis à ma gauche la
terre s'entr'ouvrir. Un ſpectre parut ; la
férocité était dans ſes yeux, ſon viſage
ulcéré, ſa poitrine enflée, des levres
couvertes d'écume, & une bouche qui
vomiſſait des flammes ; tel était ce monſ-
tre infernal qui vint s'offrir à mes regards épouvantés. — Ne m'approche
pas, m'écriais-je en tremblant, mais
ſi tu veux me répondre, apprens - moi
de loin qui tu ès ? Je ſuis, reprit - il

d'une voix rauque & effrayante, je fuis un habitant des abîmes, & quoique je daigne aujourd'hui m'abaiffer jufqu'à te répondre, apprens que tout autant que nous y fommes, il n'eft point de puiffance au-deffus de la nôtre. Nous fommes tous Empereurs des Empereurs, Rois des Rois, Princes des Princes; nous fommes affis fur le Trône des Trônes; nous régnons fur l'Empire des Empires, & nous dominons fur le monde de tous les mondes. Mon Ange fatisfait de mon mépris pour fa folie, & de l'horreur, qu'il m'infpirait, m'apprit qu'il avait été fur la terre un de ces infenfés orgueilleux, qui, pour avoir laiffé corrompre le principe de fon amour, avait nourri toute fa vie fon efprit des menfonges de la vanité, des chimeres de la grandeur & des délires de l'ambition. Le plus grand & le plus funefte de tous les maux, ajouta-t-il, c'eſt que juſques même dans les épreuves de ce ſéjour, leur ame immonde ne peut plus reprendre ſa pureté, quand ce divin principe a été dénaturé par l'habitude, ou abâtardi par la folie. Voilà pourquoi, éloignés des êtres purs & réduits aux antres ſouterrains, où le Ciel les a vomis, ils ſont à jamais condamnés à ſe traîner tour à tour dans l'opprobre de leur démence, & à trouver leurs ſupplices dans le néant de leurs idées. —

Mon Ange parlait encore, lorſqu'à ma droite la terre s'entr'ouvrit une ſeconde fois; un nouveau ſpectre parut; les couleuvres ſifflaient ſur ſa tête, & des viperes entrelacées aux extrémites de ſes pieds & repliées juſques ſur ſes reins, dardaient par une ſituation recourbée leur venin juſques dans ſa bouche, qui laiſſait exhaler en fumée la vapeur infecte, & la puanteur de ce breuvage empoiſonné. — Au premier moment la frayeur avait détourné ma vûe ; mais quelle fût encore ma ſurpriſe lorſque jettant mes regards ſur lui, je vis l'Empereur des Empereurs, le Roi des Rois, le Prince des Princes, à ſes pieds, qui, courbé, proſterné, paraiſſait avoir oublié devant lui ſon Trône des Trônes, ſon Empire des Empires & ſon Regne de tous les mondes. — O inſenſé ! m'écriais-je, ô inſenſé que fais-tu ? Reconnais donc ta folie puiſqu'aujourd'hui malgré toi tu compromets ta gloire. — Laiſſe-le m'adorer, répondit l'autre ; je ſuis l'Eſſence des Eſſences, l'Être des Êtres, le Dieu des Dieux ; les Cieux & l'Enfer ſont à moi ; je punis ou je récompenſe, la foudre eſt dans mes mains, & j'écraſe la boue des hommes comme je diſperſe la pouſſiere des Rois. — Mon

Ange alors me fourit, & moins par
frayeur que par indignation du blafphê-
me, je me précipitai dans fes bras. ——
Fut-il homme, lui demandai-je, & de
tels monftres ont-ils jamais exifté fur la
terre ?—— Oui, me répondit-il, & pour
le malheur de l'humanité, il en exifte
encore. L'orgueil de celui que vous
voyez commença fur les dégrés du temple du Dieu que nous fervons ; il ceffa
d'être homme dans le parvis ; il fut Dé-
mon dans le Sanctuaire ; & il ne lui a
manqué que le tems de fe placer fur
l'Autel. Tel eft, ô mon fils, le dan-
ger de cet état que la Religion confacre, que fes miniftres obligés à paraître
plus parfaits, s'occupent rarement à le
devenir, & que réglant fouvent leur orgueil fur la néceffité des perfections,
comme fur la crédulité de l'ignorance,
ils laiffent infenfiblement transformer en

eux ce principe d'amour, en amour d'eux-
mêmes, qui les conduit fans retour à
leur perte.

§. 8.

Des apparences de l'amour conjugal & de leurs caufes.

Si la propagation des hommes eût dé-
pendu de la perfection de leur amour,
leur race ferait éteinte, & leur poftéri-
té ne fubfifterait plus. La Providence
a donc placé pour eux, jufques dans le
défordre, des freins qui les arrêtent,
qui les retiennent, & qui les fixent dans
l'amour même qu'ils fe font formé.
La fociété n'eft, pour ainfi dire, remplie que de ces unions factices, qui ont
toutes les apparences du véritable amour:
parce que les affections extérieures peuvent s'accorder, quoique les affections

intérieures, qui conftituent la plus grande partie de l'amour conjugal, n'aient aucun rapport entre elles. Les hommes ont également fortifié cette harmonie partagée par des préjugés utiles, tels que ceux qu'un fentiment particulier de la reproduction d'eux-mêmes leur infpire, en attachant leur gloire à leur fécondité, & le devoir à l'éducation de ceux qui doivent hériter de leur nom, & les repréfenter un jour. Cette gloire réciproquement fentie, ce travail devenu commun, en forçant le concours des époux, en détermine une forte d'unité, qui, fans raffembler toutes les douceurs, tous les plaifirs du véritable amour, a néanmoins une petite partie de ces avantages. Il peut même arriver que les convenances, qui les ont affortis, entretiennent l'union, qu'elles ont commencée, mais fans raprocher les ames. De-là ces apparences de bonheur , qu'on croit appercevoir, chaque jour, dans l'intérieur privé des familles ; quoiqu'au fond il ne soit qu'une repréfentation paffagere & ftérile de celui que le feul amour vrai peut nous procurer. Les apparences de ce bonheur, en effet s'évanouiffent en nous avec la vie ; & fi elles nous fuivent encore dans le monde des efprits , nous ne fommes pas long-tems fans nous y convaincre que l'homogénéité des affections extérieures n'a qu'une ftabilité d'occafions ; & que l'occafion ne fubfiftant plus , l'antipathie des affections intérieures nous dominant à fon tour, l'apparence ceffe avec l'objet qui la détermine. — L'homme, dans ce nouvel état, n'a plus la vérité en fon pouvoir , pour l'obfcurcir , ou la diffimuler ; mais il eft entierement au pouvoir de la vérité , qui montre à tous les yeux, ſes qualités, ſes propenſions, ſes défauts, ſes vertus ou ſes vices. Ces amans perfides, ces amis trompeurs, ces adulateurs des Rois, porteront ſur leur front l'empreinte du menſonge ; couverts de honte & tourmentés par leurs remords, les reproches de ceux qu'ils auront ſéduits, ajouteront encore à leurs ſupplices. Eloignés l'un de l'autre, par une entiere connaiſſance de la différence de leurs affections, contraints de ſe deſcendre à l'amour d'eux-mêmes, pour en emprunter la haine & l'exécration, ils la vomiront juſques dans le ſein que leur artifice avait careſſé. Cruellement rapprochés par la néceſſité de ſe connaître, & par le déſir de ſe vanger, ils rompront tôt ou tard, les nœuds funeſtes d'un amour impoſteur ou les liens coupables d'une amitié perfide.

Comme l'amour conjugal peut fouvent fe rencontrer fous une autre forme que celle qui lui eft propre, de même la repréfentation ou le fimulacre de cet amour peut nous tromper encore jufques dans les apparences d'une union, qui n'eft établie ni fur des rapports intérieurs, ni fur des affinités extérieures, ni fur aucun autre principe de concordance & d'harmonie. Nous ne devons, à la rigueur, regarder la forme que les loix divines & humaines ont donné aux nœuds du mariage, que comme un moyen de nous rendre plus précieufe la néceffité de nous unir, & pour donner une fanction de plus aux nœuds que nous contractons en nous abandonnant à notre amour, qui, tant qu'il conferve la pureté de fon effence, eft, par fa fpiritualité, la chaîne immédiate de la fageffe, & de toutes les perfections de l'humanité. C'eft dans le don de deux cœurs qui fe conviennent, comme dans le pacte mutuel de leur volonté, que confifte le premier acte de fa puiffance. Ce don, ce pacte de confentement réciproque, entant qu'émanés du vrai principe de l'amour, n'en conftituent pas moins, indépendamment des formes, une union fainte & facrée, qui, quoique fecrette, miftérieufe & voilée fur la terre, y laiffe fon voile avec la dépouille des époux, pour fe produire dans le nouveau monde, avec tout fon éclat. J'y ai moi-même entretenu des Princes & des Rois, qui, affervis comme leurs fujets aux préjugés & aux ufages, contrariés & contraints par la majefté de leurs rangs ou par des convenances d'état, n'avaient jamais laiffé échapper de leur cœur le fecret de leur amour; ils m'ont appris que ce n'eft pas aux flam-

beaux

beaux des Autels que doit s'allumer le premier flambeau de l'hymen ; & jufqu'où les époux, qui recherchent le véritable amour, doivent être fcrupuleux & délicats fur la difcuffion des motifs, qui les en difpenfaut, pour ne pas s'expofer aux fuites malheureufes d'un coupable abandon, qui replacerait ces triftes victimes de l'inconftance, & du regret dans l'ordre de ces êtres méprifables, que la fociété réprouve ; parce qu'ils en dérangent l'harmonie, en fubftituant l'amour adultere à l'amour pur, & un concubinage funefte aux nœuds facrés & refpectables de l'hymen.

Traverfant un jour un des Cieux de l'Orient, j'apperçus fept femmes qui, couchées mollement fur des lits de rofes, que fans doute leurs époux avaient préparés pour les y faire attendre plus agréablement leur retour, s'entretenaient

de leur bonheur. Une fource pure formait un baffin à leurs pieds, & jufqu'aux Zéphirs, d'accord avec fes ondes,
craignaient d'agiter leur furface pour les
y laiffer contempler leur beauté. Comme j'avais entendu qu'en raifonnant entre elles fur l'amour conjugal, elles ra-
portaient fes délices à la fageffe, je m'a-
vançai timidement, & j'obtins d'elles les
nouveaux éclairciffemens que je défirais.
Qu'eft-ce donc que la fageffe, leur demandai-je? C'eft, me répondirent elles,
d'interroger continuellement fon cœur,
fur le principe d'un fentiment, qui ne
s'y détruit jamais; c'eft de chercher
dans ce premier fentiment qui nous fut
donné, l'intention de l'Être fuprême,
qui nous le donna. C'eft de fe régler
fur cette intention, pour remplir fa déf-
tinée; & c'eft, en un mot, la remplir, que de chercher fans relàche dans

l'amour même ce dégré de perfection,
qui abîme nos ames, & qui nous confond avec l'objet que nous aimons.
L'homme a la fageffe de l'entendement,
comme nous la fageffe de volonté. C'eft
par une action & une réaction continuelle de ces deux qualités, qui nous
font propres, que nous parvenons par
dégrés au centre heureux d'unité à laquelle des jouïffances délicieufes ont déja préparé nos cœurs. — Elles finiffaient
de parler, lorfqu'un enfant au regard
de la colombe, & brillant comme l'aurore, qui commence à paraître, s'avança jufqu'à moi, & me dit : Portez la vérité aux habitans de votre monde &
vous aurez pofé les premiers fondemens
de la nouvelle Jérufalem. Un globe de
feu vint alors fe former en couronne
fur fon front, & je ne le vis plus.

M 2

Quelques jours après, l'envie de m'inftruire m'ayant encore ramené dans le même endroit, j'y retrouvai les fept époufes qui n'avaient pas encore ceffé de s'entretenir de leur amour. Chaque feuille de rofe avait produit fa tige, chaque tige avait produit fes branches , chaque branche avait produit fes fleurs. Cette fource glorieufe d'avoir porté fur fon onde l'image de leurs attraits, formait déja un lac fpatieux dont les ondulations toujours dirigées de leur côté, femblaient , en venant mourir à leurs pieds, leur redemander encore cette faveur.

Je m'approchai d'elles , comme la premiere fois , & je leur dis : O femmes heureufes ! j'ai redit aux femmes de notre monde les fecrets de votre bonheur ; je leur ai fidélement rendu les leçons que vous aviez bien voulu me laif-

fer puifer dans les tréfors de votre fageffe ; je leur ai parlé des délices de cet
amour, qui exclut tout fentiment coupable, tout défir criminel, toute con-
cupifcence étrangere ; parce qu'il fixe
notre ame dans les voies de la félicité. —
Elles ont ri de mes difcours ; j'ai paru à leurs yeux un infenfé, & j'ai paffé dans léur efprit pour un enthoufiafte
ridicule, qui cherchait à perfuader les
vifions de fa folie, les rêves de fon imagination & les délires de fon cerveau.
A peine, ont elles ajouté, croirions-
nous aux plaifirs mêmes de la jouïffance ? puifqu'il eft rare que nous la par-
tagions ; & que le plus fouvent, la com-
plaifance nous arrache ce que nous fommes entierement fàchées d'accorder : Et
vous voulez que nous croyions à vos chimeres ! & vous voulez que nous regar-
dions l'amour conjugal comme le pre-

mier de tous les biens ! & vous voulez nous perfuader que ce nouveau fiftême d'affection eft par-deffus tout, le principe de toute fageffe. Allez, retournez à ces époufes miftiques ; allez charmer leur langueur en entretenant leur folie ; & croyez donc qu'il y a plus de fageffe dans notre monde que dans celui d'où vous prétendez revenir. Parce que ce divin principe eft déja corrompu dans leurs cœurs, elles ne vous ont pas compris, me dirent-elles, vous n'avez trouvé que des ames refroidies, dans lesquelles les feux du véritable amour font éteints, ne vous rebutez pas. Laiffez-en fur la terre des traces après vous ; parce que les enfans de la nouvelle Jérufalem les recueilleront un jour. Auffitôt leurs époux arriverent, & me préfenterent des faits dont les uns étaient d'une faveur fans égale, & les autres remplis d'amertume. Que leur différence, me dirent encore ces époux fortunés, foit une preuve pour vous, que jufque dans l'abfence même, la penfée nous unit. Quoiqu'éloignés d'elles nous communiquions enfemble, & pour ajouter encore aux inftructions qu'elles vous donnaient, fouvenez-vous en contemplant la beauté des ces fruits, qu'en charmant également vos regards, ils font l'image de l'amour qui porte en lui le poifon ou la vie. Leurs tendres moitiés fe précipiterent alors dans leurs bras; & l'enfant que lj'avais déja vû redefcendit du Ciel fur un nuage enflammé, dont il les couvrit fans doute pour dérober à mes yeux le refte de leurs plaifirs. —

§. 9.

Des nôces, des secondes nôces & de la polygamie.

Les coûtumes, les préjugés & les ufa-ges, auxquels on a affujetti l'amour conjugal, jufques dans fes apparences, tiennent encore à la dignité de fon principe. Il était jufte que l'homme en reconnaiffant ce fentiment d'union comme le plus refpectable & le plus utile à la propagation de l'efpèce humaine, par conféquent le plus néceffaire à la fociété, forma autour de lui cette barriere impofante, qui nous force au refpect pour les nœuds que nous voulons contracter. De-là l'établiffement des nôces & des différentes cérémonies du mariage chez tous les peuples ; de-là cette recherche abandonnée au mari pour le choix d'u-

ne époufe; de-là ces raifons d'honnê-
teté publique & de décence qui forcent
ces dernieres au filence jufques dans
leurs défirs; & qui, en leur permet-
tant de défirer, ne leur permettent pas
de prévenir. De-là ces gages frivoles &
ces dons fans valeur des amans, auxquels
la main qui les reçoit, comme celle qui
les fait, attache tant d'importance &
tant de prix; de-là ce confentement en
quelque forte regardé aujourd'hui comme indifpenfable & néceffaire, dont un
jeune cœur s'autorife pour s'avouer à lui-
même fon panchant en le traveftiffant
aux yeux d'autrui fous les couleurs de
l'obéiffance aux volontés de fes parens;
de-là enfin cette intervention des Miniftres de la Religion, qui, difpenfa-
teurs, felon eux, des bénédictions du
Ciel, pour donner une fanction nouvelle aux nœuds de notre hymen, nous

ont forcés à venir les ratifier jufqu'aux pieds des autels. —

Les fecondes nôces en s'éloignant encore plus du vrai principe d'amour qui s'y rencontre fi rarement, ne font plus elles-mêmes aux mêmes dégrés de nos idées. La honte quelquefois y remplace la pudeur, & comme les époux qui convolent à de fecondes nôces, ne peuvent plus s'attendre à la fleur du plaifir, de même leur ame languiffante dáns les nœuds qui l'enchaînent, en fupporte-t-elle longtems la durée fans regrets, à moins que, par un bienfait du Ciel, ce nouveau nœud qui les raffemble, ne foit pour eux la vraie rencontre de leur cœur. Mais fi l'homme eft fi peu délicat, dans les motifs qui déterminent un premier engagement ; il eft encorc bien plus rare de le voir une feconde fois enchaîné des mêmes nœuds par un principe

plus parfait : auſſi la mort qui le dépouille, pourrit avec lui, ſes liens dans
le tombeau. Réduit dans un nouveau
Ciel à la ſpiritualité de ſon eſſence, il
voit l'amour tel qu'il doit être, & cherchant alors l'amour dans l'amour même,
il purifie ſon cœur dans de nouveaux
déſirs ; & ſelon que ce premier principe
d'amour a plus ou moins perdu, il retrouve ou plûtôt ou plus tard, l'objet
qui les a fait naître.

La polygamie qui avait beſoin peut-
être du frein de nos coûtumes, de nos
préjugés & de nos uſages, pour ne pas
être du goût général des ſiécles de corruption, eſt tellement en oppoſition
avec les principes de l'amour conjugal,
qu'à juger ſeulement ici - bas de la condition des peuples barbares, qui s'y ſou-
mettent, il eſt aiſé de juger du déſordre
qu'elle entraîne, & des abîmes où elle

conduit. Ces monſtrueux abus, malgré les loix qui les autoriſent, n'en ſont pas moins les fléaux deſtructeurs de l'humanité, qui perd, chaque jour, dans ces climats ſauvages, en croyant y gagner; parce que ce principe d'amour diviſé, en multipliant les eſclaves du ſexe qui domine, en cherchant encore à ſe réunir à celle qui a la partie la plus conſidérable de ſon tout, laiſſe les autres pour l'ordinaire dans un état paſſif, qui les conduit inſenſiblement à la langueur qui les deſſeche, après les avoir longtems brûlées du feu violent de leurs déſirs. En effet, la polygamie eſt née de la luxure, s'entretient de la luxure, retourne à la luxure, ne cherche & ne connaît que la brutalité du plaiſir. Elle connaît encore moins ces tendres épanchemens, ces affections précieuſes, ces ſentimens délicats, qui ſemblent ména-

ger, préparer & difpofer la jouïffance ;
elle ignore enfin ces fecrets merveilleux
de l'amour pur, qui, en rapprochant,
refferrant & uniffant nos ames, nous font
défirer dans ces momens délicieux de
les voir unies & confondues pour toujours. Cependant en déplorant le fort
de ceux qui vivent fous fes loix, ne les
condamnons pas ; parce que le Ciel qui
a permis jufqu'au foulèvement de fes
premiers enfans, dans les abominations
de leur idolatrie, excufe encore aujour-
d'hui l'inconféquence de tous les cul-
tes, dans ceux qu'il n'a pas fait naître
dans le fien, pourvû qu'il n'y ait que
l'homme extérieur de corrompu, & qu'il
lui refte encore une étincelle de fa fpiritualité, pour régénérer fon principe,
& rallumer fous un nouveau Ciel, le feu
facré du véritable amour. ----

J'étais un jour occupé à rappeller dans ma mémoire tout ce que j'avais vû à différentes fois dans le monde des efprits, lorfque tout-à-coup je me vis environné d'un météore, qui fe divifant, autour de moi, en différens globes de lumiere, plus ou moins éclatans les uns que les autres ; je me fentis tranfporté par un phénomene qui m'avait été jufqu'alors inconnu. A l'entrée d'un palais magnifique dans fon architecture & plus précieux encore par le marbre & le porphyre, dont il était bâti, nombre de jeunes gens paraiffaient accourir des quatre parties du monde, avec le même empreffement ; je joignis un d'entr'eux, & lui ayant demandé le fujet, qui les raffemblait & la deftination d'un fi bel édifice, il m'apprit que c'était une école de fageffe, où chaque jour à la même heure on difcutait quelque nouveau principe de vérité, devant des anciens plus inſtruits & plus graves, qui décidaient & qui prononçaient à la gloire de ceux qui en approchaient le plus. La porte s'ouvrit, chacun entra, & je ſuivis. L'intérieur répondait à l'élégance du dehors ; tout y paraiſſait ſublime pour le goût, merveilleux pour la richeſſe & ſans égal pour la majeſté, qui ſe trouvait juſques dans les moindres détails d'un endroit conſacré à l'inſtitution de la ſageſſe — Sous une eſtrade ſurmontée d'un double dais était un vieillard, qui s'étant levé avec dignité, propoſa pour la queſtion du jour, la définition de notre ame, en déſignant en même tems, & par ordre, tous ceux qui devaient répondre.

Le premier des Candidats qui devaient parler, s'étant placé ſur une eſtrade inférieure à celle du maître, il confeſſa ingénuement que la difficulté de la demande lui prouvait encore l'imperfection de ſes idées; je ne crois pas, ajouta-t-il, que l'intelligence la plus parfaite puiſſe entierement définir ſon eſſence; parce que je regarde ſon principe comme un ſecret que la Divinité a caché profondément dans les tréſors de ſes myſteres. Je ne répéterai, dit un ſecond, que ce que je viens d'entendre; & laiſſant à celui qui devait lui ſuccéder l'explication du théorême, il quitta la place, en avouant comme le premier, ſon inſuffiſance. Je ne connais de notre ame, dit un troiſieme, que l'eſpace qu'elle occupe & les effets qu'elle y produit. Cet eſpace eſt le cœur, où le ſang toujours actif porté tour à tour & rapporté, vient puiſer dans ce centre qui la renferme, les émanations de cette eſſence, qu'il diſtribue dans toutes

les

les parties de notre individu ; & qui,
selon la constitution particuliere & propre à chacun de nos organes, s'y développent plus ou moins, selon qu'ils
sont plus ou moins disposés à fixer &
contenir ses influences. Ainsi voit-on
telle partie de notre être n'en retenir
qu'un principe de vie neutre & insensi-
ble ; telle autre n'en conserver que la
sensibilité & la chaleur ; telle autre enfin en rassembler assez, pour avoir trom-
pé la Philosophie sur son foyer, en ne
reconnaissant que le cerveau pour le premier siège de nos idées, sans considérer que ces influences accumulées ne s'y
spiritualisent qu'en proportion des dispositions plus parfaites, qui les arrêtent
& qui les fixent. — Deux autres encore
s'accorderent sur cet espace qui la renferme, en ajoutant que l'ame du premier homme ayant été formée du souffle

de la Divinité, elle avait été tranfmife d'âge en âge, des peres aux enfans, par le nouveau myftere d'une nouvelle émanation, qui entant que dérivée d'un principe divin, & par conféquent incorruptible, n'admettait aucun changement, aucune diminution, aucune altération dans fon effence. Approfondiffez encore, reprit celui qui préfidait, les caufes de votre fpiritualité, & vous parviendrez un jour, comme nous, à la connaiffance des vérités céleftes. Les prieres, les inftances, les follicitations n'en purent obtenir davantage, & l'on fe fépara.

Dans un autre tems, j'entendis difcuter, dans le même lieu, les charmes du beau fexe, & les graces de la beauté. — On y demandait entr'autres, fi la femme qui entretient fon amour-propre par la jouïffance de fes attraits, était

encore capable d'aimer ? Cette nouvelle queftion ne fut pas plûtôt propo-
fée, que trois femmes fe préfenterent,
en réclamant le droit de décider d'une
chofe qui les regardait. Elles furent
admifes au débat, mais à la condition
de ne répondre qu'après qu'elles auraient
écouté. La premiere conclufion fut
donc que la femme en foi, n'étant
qu'une affection d'amour, que la beauté
étant la forme de l'affection, comme l'envie de plaire l'effet de la beauté, il était
non-feulement permis aux femmes de
jouir intérieurement du plaifir d'être
belles, mais encore que c'était retran-
cher de leur effence, que de leur ôter
ce fentiment de leurs charmes; parce
que l'indifférence d'une femme pour ce
qui peut la faire aimer, fuppofe toujours en elle l'indifférence pour être ai-
mée. La feconde conclufion fut que dans

les nœuds de l'hymen une femme ne pouvait plus fe permettre cette jouïffance, abftraction faite de fon mari ; parce que fi fes attraits avaient été les principes éloignés de fon bonheur, ce n'était qu'entant que l'envie de plaire avait rencontré dans fon cœur la difpofition d'aimer ; que par conféquent ces deux principes rapprochés l'un par l'autre, ne pouvaient plus fouffrir de jouïffance féparée, après s'être réciproquement confondus. —

Les femmes parlerent à leur tour, & s'applaudirent entr'elles de ce qu'on n'avait pas tout dit ; vous avez refufé de nous entendre, ajouterent-elles, & nous nous tairons maintenant ; vous faurez feulement que l'amour nous met dans vos avantages & dans vos droits ; que s'il vous tranfporte, s'il vous foumet nos volontés, il nous foumet également votre intelligence, & qu'enfin c'eſt par elle que nous pouvons ſentir juſqu'où nous ſommes aimées ; juſqu'où nous vous aimons ; tandis que vous pouvez à peine définir vous-mêmes juſqu'où vous nous aimez. -- Une voix, qui ſe fit entendre, confirma ce qu'elles avaient dit. Elles diſparurent ainſi au grand regret de ceux qui brûlaient d'en ſavoir davantage.

§. 10.

Caractères de l'amour conjugal dans la jalouſie des époux & leur tendreſſe pour leurs enfans.

Il ne faut pas confondre la jalouſie qui tient au véritable amour, avec ce caractere dangereux de défiance & de ſoupçon à qui tout fait ombrage, & qui produit par un tempérament bilieux,

porte indifféremment fur tous les objets qui l'intéreffent, le vice de fa con-
ftitution & l'acreté de fon principe. La
jaloufie de l'amour eft une flamme qui
fe renouvelle, & qui s'excite par le vent
qui la contrarie; c'eft un feu qui retrouve une nouvelle force, une nouvelle ardeur dans fon élément contraire,
pourvû que la furabondance ne détruife
pas fon activité. C'eft un fentiment tendre & délicat qu'on peut appeller le dé-
fenfeur & le gardien de l'amour; c'eft
enfin entre deux époux, qu'un moment
d'erreur a divifé, le nœud qui refte à
l'offenfé pour retenir encore le coupable.
Jufques dans fes agitations, dans fes
tranfports, c'eft moins l'envie d'atta-
quer que l'intérêt de fe défendre, qui
la détermine; bien différente de ce fentiment impérieux qui affocie, dans l'a-
mour impur, la haîne, la vengeance &

la fureur contre l'objet de l'infidélité ;
ſes premieres armes ſont des careſſes,
les ſecondes ſont des larmes & ſes derniers efforts ſont de tendres reproches,
qui étaignent ſouvent la vie dans la
ſource douloureuſe qui les a produits,
ſans effacer en expirant le ſouvenir de
l'infidele. ——

Cette ſorte de jalouſie eſt donc à
juſte titre un ſentiment naturel entre
deux cœurs véritablement unis par l'a-
mour ; parce que l'amour ſur la terre
n'a pas encore vécu ſans alarmes, &
que la poſſeſſion d'un bien délicieux
n'a pas encore exiſté pour nous ſans
la crainte de nous le voir ravi.

Tel qui fait gloire de ſon inſenſi-
bilité ſur l'apparence de l'outrage, tel
qui cherchant lâchement ſes avantages
dans le trafic honteux de ſes droits,
paye ſon aiſance par l'opprobre & ſon

bien-être par l'infamie ; tel enfin qui n'attribuant qu'aux préjugés la honte de l'affront, dédaigne, brave & méprise l'atteinte qu'il fait à notre honneur ; ce sentiment que je dépeins n'est pas fait pour leur cœur, sa source est déja corrompue dans leur sein ; son principe est pourri dans leur ame, leur jouissance est coupable, leur plaisir criminel, leur existence impure, leur spiritualité presque détruite, & souvent ce qu'il en reste après eux ne sert qu'à commencer leur supplice & quelquefois à perpétuer leurs peines & leurs tourmens.

L'amour conjugal a encore un caractere qui lui est propre, & qui prouve également sa vérité ; c'est ce sentiment d'affection & d'entrailles qui nous force à chérir nos enfans ; c'est cette tendresse commune, & en même tems si précieuse, qui naît de cet amour, pour l'entretien & la conservation de leur existence. C'est cette magnésie de notre sang , qui , comme une source d'eau vive , qui porte sans cesse ses ondes sur les traces de celles qui sont sorties de son sein , fixe, rassemble & réunit tous nos soins , toutes nos caresses , tous nos sentimens , sur les fruits attendrissans de notre amour.

La Providence , en plaçant pour la conservation de ses œuvres dans la sphere universelle des êtres , ce sentiment de réunion, d'attraction & d'amour qui leur est commun à tous, y plaça également ce sentiment d'affection qui veille aux fruits de leur reproduction, & qui se retrouve dans tous les règnes de la nature, au point de ne pouvoir l'y méconnaître. Jusques aux plantes, jusques aux fleurs , marquent dans les replis ingénieux d'une étamine préparée de la partie la plus pure de leur fubftance ; le duvet où repofe mollement le germe de leur fécondité ; jufqu'aux animaux les plus féroces nous retracent également l'image d'un fentiment fi doux ; parce que comme dans l'ordre de la création rien ne fut formé fans le défir de fe re-produire , rien n'exifte fans le fentiment intérieur de la confervation de ce qu'on a produit. C'eft néanmoins dans les dif-férentes nuances de ce fentiment qu'il faut chercher celui qui devient le carac-tere précieux de l'amour conjugal, puif-qu'il eft univerfellement répandu , & que plus ou moins parfait c'eft peut-être de tous ceux qui font en nous, celui qui ne fe dénature jamais entierement ; puif-qu'il fut établi par le Créateur pour veil-ler à la création fucceffive & à la pro-pagation générale de tous les êtres. Il faut encore diftinguer fa fpiritualité , qui le rapporte au véritable amour, avec lequel il se confondit. Cette simple conséquence du seul plaisir de se régénérer, que la Providence a sensiblement placée dans la nature de toutes choses, d'où l'on doit distinguer également l'affection rélative à son principe, est celle qui ne se rapporte simplement qu'aux conséquences communes à tous les êtres qui existent pour y participer. C'est dans l'examen de ses nuances, qu'en rencontrant généralement ce sentiment d'attachement on s'appercevra de la différence de ses effets & de ses causes. Celles qui sont particulieres à l'affection qui dérive du véritable amour, naissent d'un attrait de l'innocence, pour ce qui lui rapelle son image. On aime alors sans l'objet de soi-même, & les époux sensibles & délicats sont seuls capables de rencontrer dans leurs caresses pour

leurs enfans, la différence qui se trouve entre le panchant de leur cœur &
le mouvement de la nature. Toute
acception, toute préférence, toute inégalité est encore un crime du sang,
& par conséquent, le vice secret des
nœuds qui nous unissent. Comme cette inégalité dans le partage de l'affection est déja la distribution d'un
cœur corrompu, il est ordinaire qu'elle corrompe celui qui en est l'objet.
Telle est souvent la premiere cause du
désordre de l'ingratitude & de l'oubli
de nos enfans, qui, refusant d'acquit-
ter à leur tour par la reconnaissance,
les avances de notre faiblesse, flétris-
sent nos derniers momens par les remords de notre injustice & les larmes
qu'ils nous font répandre.

D'après tout ce que je viens d'é-
crire, que me reste-t-il à conclurre ?

sinon qu'il n'est pour nous qu'un seul & unique bonheur dans tous les mondes ; que ce bonheur vient du bien ; que ce bien vient de la vérité ; que la vérité vient de ce principe incompréhensible de sagesse, qui unit dans tous les cœurs le désir de s'unir & le besoin d'aimer ; que la perfection de notre être entant que substance divisée en soi, dépend de notre application constante à la recherche de l'objet, auquel nous devons nous unir ; que c'est dans la rencontre heureuse de cet objet, & dans ce point seul de réunion qu'existe essentiellement le véritable amour, l'amour conjugal, l'amour pur, qui est seul, comme je l'ai assuré, comme je l'assure encore, d'après ce que j'ai vu, d'après ce qui m'a été révélé dans la sphere des intelligences célestes, le terme de notre

deſtinée pour arriver à la félicité ſuprême ; qu'en un mot cet amour principe de toutes choſes , tréſor de tous
les biens, eſt en ſon eſſence l'émanation de la Divinité, la vie de la nature , & l'unité de l'ame de tous les
mondes. ---